NO ES DISCAPACIDAD, ES

ISTENIDAD

Ángel Eduardo Alcántara

Caracas, Venezuela

Coordinación editorial: Nelson Cordido Rovati
Corrección de estilo: Ninoska Adames

Motivo de la portada: El puente de Waterloo de Claude Monet, 1900

ISBN:1537471554
ISBN-13:9781537471556

A mis sobrinos.

A la filosofía.

Contenido

Lista de figuras

Lista de tablas

INTRODUCCIÓN

El contexto de la istenidad

"La educación es el arma más poderosa que
puedes usar para cambiar el mundo"

NELSON MANDELA

Mundialmente se viene observando un creciente interés de los estudios gerenciales orientados hacia la gestión de la discapacidad, así lo evidencian hechos como: la presentación del primer informe mundial sobre la discapacidad por parte de la Organización Mundial de la Salud (OMS) y el Banco Mundial (BM), la creación del Doctorado en Estudios de la Discapacidad en la Universidad de Illinois en Chicago, la proliferación de revistas científicas especializadas en discapacidad, las adecuaciones en el marco jurídico en países como Ecuador y Venezuela, entre otros.

Ahora bien, la discapacidad es inherente a toda sociedad, y a lo largo de la historia han surgido intentos por definirla, por teorizar sobre ella como realidad social. Sin embargo, como investigador y como persona con discapacidad me percato de que muchas definiciones imputan las limitaciones de funcionamiento a la persona y no al entorno. De acuerdo con mi experiencia de vida y tal como lo plantea el nuevo modelo social, en muchos casos la discapacidad es atribuible al entorno y no a la persona.

Al mismo tiempo, no es de extrañar que muchas de las personas convencionales (sin discapacidad), sumergidas en su propia manera de hacer las cosas y en su propia visión del mundo, se hayan quedado sin un método válido para interpretar a quienes viven con alguna discapacidad. Es comprensible que insistan en medirlos con la misma vara con la que se miden a sí mismos, olvidando que las dificultades de la vida no son iguales para todos y que la búsqueda de la identidad propia es tarea compleja para unos y otros. Interpretar una realidad con esquemas ajenos solo contribuye a la separación de grupos humanos, haciéndolos cada vez más desconocidos, más distantes, más solitarios. Tal vez, muchos de los que viven hoy sin discapacidad serían más comprensivos si recordaran que ser diferente es algo común, si trataran de conocer sin prejuicios la manera de funcionar que tienen las distintas personas que conforman la sociedad que los cobija y si recordaran que la humanidad ha entregado genios con distintos tipos de discapacidades tales como: Claude Monet (persona con cataratas), Frida Kahlo (polio) y Armando Reverón (esquizofrenia), quienes nos han maravillado con sus pinturas; Beethoven (sordo), José Feliciano y Andrea Bocelli (ciegos) nos han deleitado con su música, Miguel de Cervantes (discapacidad en una mano) con su literatura y Stephen Hawking (esclerosis lateral amiotrófica) con su ciencia, solo por mencionar algunos.

En consecuencia, el desconocimiento conduce al error y nos lleva a discriminar a otros. Solo cuando conocemos y nos disponemos a tener amplitud de mente somos capaces de entender la posición del otro y asumimos la disposición de aceptarlo sin fórmula de juicio.

De acuerdo con Bauman (2012):

La posición, la experiencia, las perspectivas cognitivas y la escala de valores de evaluadores y evaluados condenan a ambos a quedar mal parados, entorpeciendo la posibilidad de una visión compartida. Los evaluadores no han vivido en las condiciones que son normales para los evaluados.

En contraposición, el conocimiento implica muchos beneficios para la gerencia posmoderna, ya que transforma y mejora al sujeto cognoscente, a la vez transforma y mejora las relaciones humanas, pues propicia el entendimiento y la aceptación del otro. Estoy convencido de que para eliminar prejuicios lo mejor es apalancarse en la filosofía; a fin de cuentas, la filosofía es la madre de toda emancipación.

Para Anzenbacher (1984), la filosofía tiene poco valor de mercado, no resulta útil a efectos de ofrecer salidas laborales, pero su valor está asociado a los siguientes elementos:

- Permite eliminar prejuicios infundados (hacia la discapacidad, diría yo)

- Permite tener más tolerancia y respeto (hacia la discapacidad)

- Permite tener más capacidad y criterios para analizar y entender (la discapacidad)

- Ayuda a superar dogmas establecidos (hacia la discapacidad)

- Proporciona criterios (hacia la discapacidad)

- Permite tener otra visión de la realidad global, no parcializada (hacia la discapacidad)

- Permite tener apertura mental (hacia la discapacidad).

A este respecto, adoptar una postura filosófica significa mirar las cosas como son aquí y ahora, objetivamente, despojándose de ideas preconcebidas, de emociones e intelectualizaciones y teniendo claras dos premisas: la primera nos la regaló Nietzsche (1887) "no hay hechos, solo interpretaciones"; la segunda, Heráclito[1]: "nadie se baña

---

[1] Heráclito de Éfeso, filósofo griego. Nació hacia el año 535 a. C. y falleció hacia el año 484 a. C.

en el río dos veces porque todo cambia en el río y en el que se baña" ambos pensamientos ejemplifican la postura filosófica que la sociedad posmoderna debe asumir para que evolucione nuestra manera de visualizar a las personas con discapacidad, desde esta postura se ha investigado su inclusión social alcanzando logros significativos en países como España, Estados Unidos, Ecuador, entre otros.

Por otra parte, Nietzsche (1887) afirma que "hay que adoptar una actitud de permanente crítica con lo establecido y desestructurar una realidad que se nos impone como verdad incuestionable", esto implica una actitud de permanente análisis del orden social establecido, una interpelación de lo cotidiano con la finalidad de evaluar, seleccionar e implantar nuevas y mejores maneras de hacer las cosas, de mejorar continuamente la sociedad en la que vivimos.

Análogamente, Sztajnszrajber (2015) señala que:

> La filosofía no nos provee de certezas ni de respuestas definitivas sobre los grandes cuestionamientos existenciales, pero nos ejercita en la libertad de la pregunta y nos invita a ser más libres, más abiertos y a ser más sensibles con el mundo que nos rodea.

Mientras tanto he sido testigo del nivel de organización que han ido alcanzando los grupos pro-derechos de personas con discapacidad en distintos lugares, muchos de ellos han demostrado tener voluntad a prueba de malos tiempos y energía suficiente para enfrentar los problemas y buscarles la mejor solución. Esto es clave, pues toda búsqueda de un cambio implica una suerte de aventura que los líderes deben asumir, teniendo claro que es impredecible lo que puede ocurrir en las sociedades cuando las personas y las organizaciones asumen el compromiso de emanciparse. Las personas con discapacidad no debemos conformarnos con ser espectadores del declive de nuestra calidad de vida, por el contrario, debemos consolidarnos como promotores de cambios profundos que son necesarios para mejorar el mundo.

Dado que plantearse una reflexión ontológica sobre la discapacidad presupone una revisión de los conceptos vigentes en la actualidad y de los entornos en los cuales se aplican dichos conceptos, en el capítulo II se presenta un análisis crítico de definiciones de discapacidad utilizadas y citadas ampliamente por la población de habla hispana para evaluar su coherencia con respecto a la realidad social estudiada.

En síntesis, la intencion de este libro se centra en presentar los constructos teóricos generados desde y sobre la gerencia posmoderna para la inclusión sociolaboral de las personas con discapacidad, desarrollados en mi tesis doctoral, contribuyendo de esta manera con la edificación de una nueva visión social de la discapacidad, para lo cual propongo un neologismo que nos oriente como sociedad a trabajar con el entorno discapacitante, de forma que la persona inmersa en él sea aceptada y entendida como una manifestación de la diversidad humana y para que las personas que viven con lo que hoy llamamos discapacidad sean vistas como personas cuya manera de funcionar es tan válida como cualquier otra y cuyas capacidades diversas también son tan válidas como cualquier otra.

A esto se orienta la concepción de la diversidad humana, en tanto que la unidad del sujeto se relaciona con la búsqueda de su identidad como unidad de la especie capaz de accionar en contextos específicos para sujetos comunes, con condiciones especiales; es decir, que en su diversidad el sujeto es capaz de actuar como unidad diferencial, en contextos preestablecidos para sujetos comunes, accionando con capacidad diversa.

Con base en lo anterior analizo la expresión "persona con discapacidad" y reemplazo su uso por istenidad, ya que, al utilizar este neologismo estaremos diciendo que la discapacidad es imputable al entorno y no a la persona en sí misma, sincerando la visión que deben tener tanto los gerentes posmodernos como las sociedades acerca de estos dignos grupos humanos.

Parafraseando a Vargas Llosa (2012), la palabra escrita tiene posibilidades de calar más hondo en el análisis de los problemas, de llegar más lejos en la descripción de la realidad social, política y moral. Convencido de que la discapacidad es imputable al entorno en el que vive la persona y no a la persona en sí misma, desarrollo en este libro el neologismo istenidad como nueva definición ajustada a esta posición ontológica.

Inevitablemente, verán que los análisis y las reflexiones que comparto aquí con usted, amigo lector, tienen un final abierto; el debate debe continuar.

I. LA ISTENIDAD EN LA REALIDAD SOCIAL ESTUDIADA

Una visión desde la gerencia posmoderna

"Estamos en un Titanic.
Una nave mundial lujosa pero con desigualdades de trato, tecnocientífica
pero ciega acerca de su rumbo, orgullosa pero frágil.
El mundo se ha vuelto mundial. Lo que sucede en un rincón del mundo
tiene efectos globales, pero no sabemos cómo administrar esto, y nuestros hábitos
institucionales todavía no están a la altura de la complejidad del desafío".

EDGAR MORÍN

Los grandes avances de la sociedad del conocimiento a finales del siglo XX, conllevan a la búsqueda de nuevos horizontes que permiten potenciar las estructuras económicas de progreso, con la finalidad de generar cambios y transformaciones socioculturales, a fin de garantizar el desarrollo tanto del campo humano como del campo social en la dimensión global de todos los aspectos: económico, jurídico, laboral, político, cultural y social.

En atención al compromiso social y a la solidaridad del colectivo, como proyecto de responsabilidad social, enmarcado por normas y valores que orientan las acciones del hombre en un contexto social determinado, cuyo ámbito organizacional debe responder a un código ético como elemento fundamental del saber crítico-reflexivo, se hace prioritaria la inclusión (sin discriminación) de profesionales que dirijan las organizaciones, como constructores de bienes y servicios. En este orden de ideas, la gerencia de las organizaciones sociales debe abordarse con una visión posmoderna que implique la necesidad de superación del factor de obsolescencia sobre la realidad de las cosas y de otras personas; todo ello por la vía de adopción de los nuevos avances científicos, humanísticos, jurídicos y tecnológicos; permitiendo así la incorporación al mercado laboral del talento humano con una visión de cambio estructural sobre la base del conocimiento científico y su relación con la productividad organizacional.

Para ello es necesaria la incorporación de personas que posean talentos suficientes, sin tomar en cuenta la discapacidad que presenten, para contribuir a que las organizaciones sean competitivas y den respuesta a los desafíos que les presenta la sociedad de hoy. Por cuanto las actividades industriales, comerciales y de servicios han convertido a la gerencia en la responsable de hacer posible la vinculación de la acción del hombre con el mundo del conocimiento y los valores de su herencia cultural para transformar las vías productivas con el trabajo que realiza el hombre en los diferentes espacios u organismos de control social.

Ahora bien, el gerente posmoderno ejerce una fuerte influencia en la dirección de su grupo de personas con diversas habilidades, comportamientos específicos, múltiples experiencias y conocimientos sobre una (s) tarea (s), actividad (es) y proceso (s), producto de una formación profesional y ocupacional que le permite el cumplimiento del rol que le toca ejercer; y es él (el gerente posmoderno) quien debe desarrollar en el ámbito de su trabajo sistemas de comunicación válidos que garanticen el uso racional de los recursos disponibles.

De allí que la acción gerencial va más allá de los límites que se establecen dentro de una organización, esta acción se constituye en un espacio de aprendizaje y desarrollo intelectual dentro de la estructura organizacional, ocupa una posición tal que representa un nivel de responsabilidad social y autoridad compartida con los entes que gobiernan y norman la inclusión de las personas con discapacidad en el sector laboral.

Vale destacar que la discapacidad forma parte de la condición humana, casi todas las personas vivirán algún tipo de discapacidad transitoria o permanente en algún momento de su vida, y las que lleguen a la senilidad experimentarán dificultades crecientes de funcionamiento. La discapacidad es compleja y las intervenciones para superar las desventajas asociadas a ellas son múltiples, sistémicas y varían según el contexto.

Además, de acuerdo con las cifras reportadas en el primer informe mundial sobre la discapacidad, presentado de manera conjunta entre el Banco Mundial y la Organización de las Naciones Unidas en el año 2011, se estima que más de mil millones de personas viven con algún tipo de discapacidad; o sea, alrededor del 15% de la población mundial (según las estimaciones de la población mundial en 2010). Esta cifra es superior a las estimaciones previas de la Organización Mundial de la Salud (OMS), correspondientes al año 1970, que era aproximadamente un 10%.

Por su parte, Alcántara (2013) concluyó que, en Venezuela "un total de 1.454.845 personas manifestaron tener al menos una discapacidad ante la pregunta del censo 2011, lo que representa un 5,02% de la población venezolana".

Dada esta prevalencia es necesario repensar la discapacidad y su conceptualización, así como reflexionar sobre las implicaciones epistemológicas, axiológicas y sociales que subyacen en las visiones estereotipadas de la discapacidad como condición humana.

La naturaleza humana invita al hombre a lograr el fin que le es más propio, a no conformarse con solo anhelarlo, sino aceptar la atención del anhelo de perfección, de excelencia que hay en ella; de allí que la capacidad de acción del hombre responda a una capacidad de decisión de "voluntad"; por cuanto esta tarea es una tarea de sí mismo y en sus manos está el acertar o el fracasar.

Sin embargo, esta interacción vitalista o desarrollo del "ser -ahí", de la vida concreta, se relaciona con la realidad objetiva cognoscible traducida en múltiples mundos conformados por análogas existencias empíricas. Lo que implica que el mundo cognoscible se produce mediante una interacción multidireccional entre el sujeto y el contexto.

Es en este contexto, donde el ser humano no se conforma con una realidad unitaria, sino que busca una existencia individual abarcando una perspectiva de relaciones con la realidad empírica, en la cual está inmerso, reorienta y redimensiona su existencia, como un todo, a rango de objeto para sí mismo; lo que hace del ser humano un ente dialógico, recursivo, hologramático, es decir, complejo, cuya existencia se da para la libertad; entendiendo esta libertad como posibilidad, elección y compromiso de ser en el existir único.

La redimensión de la existencia a rango de objeto para sí mismo implica intentar aproximar a la incertidumbre del hombre contemporáneo a través de la cultura como medio accesible que, como efecto del pensamiento y acción humana, explica las manifestaciones de creación e innovación del hombre, como expresión de una visión del mundo y la convivencia entre opuestos.

Esta convivencia entre opuestos, como la sensatez y el sentimiento encierran además una interdependencia, donde la presencia de lo "uno" presupone lo del "otro", tal como sería imposible concebir el bien sin la idea del mal o viceversa, y reconocer la racionalidad sin la existencia de lo irracional. Por consiguiente, es posible deducir que la separación de elementos que se implican corresponde a juicios de valor, a representaciones culturales que ponderan determinados comportamientos y condenan otros; discriminación esta que no excluye la legitimidad substancial de esos elementos o hechos coexistentes de la realidad, cuyas manifestaciones culturales son interpretadas desde el predominio y alternabilidad de diferentes inclinaciones que han predominado en diferentes épocas, y que obedecen a toda una estrategia de saber y poder que nos atrapa e impone sus normas, a los cuales han sujetado al hombre y al mismo tiempo las formas y las modalidades de la relación consigo mismo.

Estas relaciones de saber y poder hacen que el ser humano se constituya y se reconozca en una nueva aventura de pensamiento y acción que le permite asumir otra manera de estar en el mundo y proceder con otra manera de pensar y, por lo tanto, de vivir consecuentemente con lo que piensa.

Por otra parte, al considerar la dialéctica hegeliana del encuentro de lo singular y lo colectivo, se entiende que estas relaciones privilegian la riqueza de la identidad personal dada en esa polaridad soledad/unión, o unión/soledad que supone el reconocimiento de la *"yoidad"*, no como anomia, sino como autonomía, diferencia de lo propio en la unidad con el otro, y es precisamente en la aceptación de esa diferencia donde tiene lugar la conciencia del existir, que en última instancia consiste en saberse con un puesto y una misión en el mundo, único, irrepetible e indelegable. A partir de esta dialéctica se produce el transformarse y la transformación del entorno, creándose al mismo tiempo la posibilidad de suscribir el existente empírico en las incógnitas del descubrimiento y de lo inexplorado.

La génesis de estos comportamientos proviene de la interacción que se genera entre opuestos sobre las vivencias cotidianas cuyas energías impulsan a estar, a profundizar, a explorar, a indagar lo querido, lo deseado, conduciéndonos a experiencias significativas que tienden a concentrarse en la adquisición de aprendizajes que luego serán transferidos a la realidad contextual del sujeto para lograr su transformación social y cultural. Al respecto cabe señalar lo que indica Albornoz (1999), en lo que a cultura se refiere:

> La cultura es un sistema complejo producto exclusivo de la interacción humana (...) y que complementariamente está conformada por valores que no son más que creencias predictivas que se traducen a través de las expectativas del grupo o sociedad dando origen a normas explícitas e implícitas de y para el comportamiento adquirido y transmitido mediante símbolos.

Desde estas consideraciones el hombre busca transcender los límites del conocimiento intentando acceder a la dinámica de la realidad, asociada a lo uno y a lo múltiple de la promoción de espacios participativos, de comunicación y diálogo entre los miembros de una sociedad que se presentan como un tejido de eventos, acciones, interacciones, retroacciones y determinaciones que permiten sustentar los cambios, las transformaciones e innovaciones que se producen en el entorno para satisfacer sus necesidades y las del colectivo que comparte la organización y control de estos espacios de participación, comunicación e integración sustentadas en la políticas y relaciones de poder y saber entre los individuos, las sociedades y las organizaciones.

Desde la teoría de la complejidad, propuesta por Morín (1996), se considera importante la construcción de modelos sistémicos, en los que se tome en cuenta la diversidad de los componentes de la organización o empresa, así como sus interacciones, es decir, la causalidad mutua de los procesos, donde la condición humana es esencialmente compleja, dinámica y cambiante; y está inmersa en un contexto ecológico en el que evolucionan las personas. En esta concepción se busca transcender a otros paradigmas más emergentes que intentan acceder a la dinámica de la realidad.

Según Casas (1999):

La condición humana designa un amplio concepto que permite la incorporación de una perspectiva claramente humanizante y subjetiva en distintos campos profesionales llenos de cargas semánticas que conducen a articular lo material e inmaterial, lo individual y lo social para establecer conexiones inexcusables entre bienestar sicológico de las personas y las dinámicas organizacionales y gerenciales.

De allí que el pensamiento posmoderno en el contexto de la gerencia organizacional debe propender a la creación de los espacios necesarios de aprendizaje y de convivencia para construir en colectivo una nueva ética compleja y emergente del género humano que se traduzca en mayores niveles de comprensión de la condición humana.

Este modo conjuntivo y complejo de pensar sobre la condición humana conduce a orientar la praxis gerencial de una organización permitiendo la integración de estilos, convivencias, motivaciones, liderazgo y comportamientos, pero sobre todo debe perfilar la visión que tiene el gerente respecto a la valoración de la condición humana y el concepto de compromiso frente a la sociedad. De allí la idea de pensar la gerencia en las organizaciones sociales desde una perspectiva desestructurada y compleja, en tanto estos paradigmas conducen a superar esquemas rígidos y normativas y sobre todo a destronar los mitos del pensamiento único, puesto que las organizaciones como sistemas sociales son abiertas.

En función a estos señalamiento es importante argumentar que en las organizaciones sociales posmodernas se está asumiendo una nueva visión gerencial tipo desestructurado, abierta, transdisciplinaria, compleja y transparadigmática a los fines de visionar la organización como un sistema viviente y autopoiética por su naturaleza interactiva y autorreproductiva que la proyecta como un espacio de aprendizaje permanente que le permite valorar la riqueza de la cual se nutre la sabiduría del género humano.

Esto conduce al gerente y a todas las personas, técnicos y profesionales, a ver el mundo empresarial con perspectivas diferentes, y su conducta cambiará como respuestas al nuevo mundo que ven y aprenderán a ver la gerencia organizacional desde innovadores principios que sostienen el diseño y la organización de los procesos productivos y, por ende, cambios estructurales en el modelo básico de gobierno de estas organizaciones.

Asimismo, lo que significa que los cambios importantes en los conceptos asumibles con respecto a cómo funciona la gerencia desestructurada dará orientaciones propias a la luz de este nuevo paradigma acerca de cómo gerenciar las organizaciones; buscando aplicar una gerencia contemporánea que responda a una perspectiva empresarial diferente donde funcionen los equipos de trabajo, ponderados para tomar decisiones relativas a su trabajo, con la de actuar tomando en cuenta los requerimientos culturales y legales que existen en diferentes países, a fin de mejorar la eficiencia productiva de los profesionales, trabajadores y de todas las personas involucradas en el proceso de generación de bienes y servicios.

Etzioni (2000) señala que la práctica de la profesión debe realizarse buscando el respeto de la sociedad, con un adecuado conocimiento técnico y enmarcado dentro del quehacer deontológico digno. "La responsabilidad, por consiguiente, señala el autor, es y siempre deberá ser el brindar un servicio de primer nivel técnico con criterio asistencial al alcance de todas las personas, considerando su entorno sociocultural y respetando su posibilidad tanto económica como social.

Las respuestas a nuevas condiciones de mercado y las innovaciones que se están introduciendo en el mismo nacen de una perspectiva empresarial que responde a un nuevo paradigma gerencial, donde la tecnología de la información, financiera y comercial promociona el crecimiento económico, productivo y competitivo de carácter sostenible, dirigido a la excelencia de la producción sustentable, vista como el producto de la integración entre trabajadores y empresas, en la búsqueda de un propósito común, de la generación de un clima propicio y del estrechamiento de lazos que conlleven al involucramiento para abordar factores sustanciales de la diferenciación en el mercado y de oportunidades de competencias.

Todo esto conlleva a las implicaciones laborales recurrentes, como necesidades para la optimización de los procesos productivos y como rasgo básico de la calificación del personal que evidentemente se constituye en el resultado de políticas de gestión de la fuerza de trabajo y las formas e instrumentos que se utilizan para llevar a cabo la selección de la mano de obra laboral en cualquier empresa.

De allí que el flujo de trabajo en cualquier organización

dependerá de ciertos elementos y esquemas donde los trabajadores tendrán que laborar dentro de varias estructuras organizacionales al mismo tiempo, dado que la capacitación del trabajador hoy define quién trabaja con el conocimiento y quién gerencia para lograr cambios organizacionales con la participación de los trabajadores.

Cabe resaltar que las organizaciones son espacios o sistemas sociales hechas por la humanidad y como tales constituyen artefactos productos del diseño del hombre que dependen de múltiples decisiones, convenciones, programas y normas que pueden ser más o menos aceptables en forma consciente, más o menos tácitas para los miembros del sistema, pero que confieren signos mismos de estabilidad en el tiempo y en el espacio.

De tal manera que cuenten con miembros que cambian constantemente su acción en función de su profesión, sus experiencias, sus valores y sus creencias para dar respuestas a la dinámica del entorno.

Esto significa que las organizaciones deben modificar sus esquemas gerenciales con la finalidad de alcanzar calidad, eficiencia, eficacia, pertinencia, excelencia, equidad en la producción de bienes y servicios sociales, todo esto con la finalidad de garantizar una gestión exitosa y un nivel competitivo acorde con las exigencias del entorno.

Por su parte, Llanos de la Hoz (2000) plantea que "el término gerencia tiene varias aceptaciones, las cuales corresponden al área en la que se esté ejecutando. Así se habla de género empresarial, de servicios públicos, de conocimientos académicos, universitarios, entre otros".

En este particular, existe la necesidad de repensar las soluciones ontogénicas que se dan entre el sistema gerencia, organización y sociedad; pero desde una perspectiva compleja y desestructurada, debido a que se parte del entendido inicial empírico, según el cual el modelo gerencial en uso por las organizaciones de naturaleza social permanece atado a un pensamiento estructurado, lineal, rígido y reduccionista que muy poco favorece la interpretación reflexiva y de valoración de la condición humana, en este tipo de organizaciones.

Por consiguiente, el Posmodernismo, concebido como una ruptura de las grandes totalidades de la modernidad y el descubrimiento del carácter fundamental de los individuos constituye un nuevo paradigma, al cual deben adaptarse las organizaciones, tal y como lo refiere Llanos de la Hoz (2000) cuando señala que "desde una perspectiva posmoderna en las organizaciones deben declinar los sistemas y procedimientos convencionales para adquirir mayor importancia el carácter de las personas y cultura".

Cabe considerar que, los paradigmas gerenciales no son más que modelos de gestión epocales para pensar y conducir la vida de las organizaciones sociales las cuales como sistemas vivientes hacen desde el paradigma posmoderno la acción de dirigir grupos humanos en el sistema individuo, organización y sociedad ajustado a la concepción paradigmática de la complejidad.

Así pues, según Balza (2008) "la complejidad es una persovisión del individuo acerca del mundo de la vida en su conjunto; es un pensamiento holístico, una energía que trasciende lo numérico al viajar en el lenguaje, en cuyo transito transforma también la energía de lo conocido".

Por otra parte, Morín (1996) señala que:

> La complejidad puede ser entendida como una suprarrelación dialógica de orden / desorden / organización ligada a todo trabajo, a toda transformación, dada en los puntos críticos o de quiebres, en la frontera entre lo que deja ser y lo que está emergiendo, espacios donde coexisten relaciones tanto complementarias como antagónicas y donde es posible la articulación de las divergencias.

En efecto, la condición humana en el contexto de las organizaciones sociales, designa toda una complejidad relacional sistemática en el campo de la gestión con personas con discapacidad, por cuanto se trata de dar cuenta del valor de nuestros vínculos con los demás, desde una concepción de la vida como un continuo, donde la persona expresa su modo de ser desde la continuidad, en la convivencia social, la existencialidad y en la ontología misma de lo que somos como seres en devenir, inacabados y de una condición sociohistórica determinada en un tiempo y en un espacio.

II. ONTOLOGÍA DE LA DISCAPACIDAD. ¿QUÉ ES LA DISCAPACIDAD?

¿Tratar la discapacidad o gerenciar la istenidad?

"Desplazarse en silla de ruedas es una forma de funcionar. El grado de accesibilidad para ingresar a un edificio porque la entrada ofrece rampas en lugar de imponer escaleras, es una istenidad"

ÁNGEL EDUARDO ALCÁNTARA

Erigir una reflexión ontológica sobre la discapacidad requiere una revisión preliminar de los conceptos vigentes en la actualidad y de los entornos en los cuales se aplican dichos conceptos. Antes de explicar mi propia argumentación al respecto, expongo algunos de ellos, no sin antes advertir que existen distintas definiciones de discapacidad dependiendo del modelo de referencia en el cual nos ubiquemos. Palacios (2008) ha identificado la existencia de tres modelos, a saber: el modelo de prescindencia; el modelo rehabilitador, también conocido como modelo médico, y el modelo social.

En mi opinión, el modelo de prescindencia actualmente es aplicado con mayor rigor en países fundamentalistas cuyo sistema de vida se ve fuertemente influenciado por aspectos religiosos. Desde esta perspectiva, la sociedad prescinde de las personas con discapacidad bien sea asesinándolas o aislándolas, ya que la discapacidad es abordada desde una visión teratológica y por lo tanto es considerada un defecto o anormalidad y se atribuye su existencia a una especie de castigo de Dios o incluso una posesión demoníaca. Aunque de manera más sutil, este modelo también se aplica en América Latina pues la experiencia me ha indicado que cuando en alguna comunidad, llámese empresa, grupo familiar, vecindario, colegio o universidad, se asumen actitudes de rechazo o indiferencia ante personas con discapacidad entonces se está actuando desde un modelo de prescindencia, pues lo que se busca es invisibilizar a la persona tratando de prescindir sutilmente de ella; la sociedad actual está llamada a transformar esta realidad.

En cambio, el modelo médico o rehabilitador busca "normalizar" a la persona con discapacidad, es decir, si desde este modelo se aborda, por ejemplo, a una persona sin brazos la solución es colgarle un par de brazos postizos para "normalizar" a esta persona y hacer que se parezca a una persona convencional (sin discapacidad). Creo que este es el modelo con mayor presencia en América Latina, aunque admito que los otros modelos también están presentes con diferentes niveles de aplicación.

Por su parte, el modelo social (actualmente en construcción) promueve la premisa de que la discapacidad está en el entorno y no en la persona, es decir, la discapacidad obedece a causas sociales y es el entorno el que debe ser tratado para eliminar la causa que produce la discapacidad.

Observemos la siguiente figura:

Figura 1. Seres con diseños biológicos distintos

La imagen nos muestra un profesor frente a diferentes animales, es decir, frente a seres cuyo diseño biológico es distinto. Se observa un morrocoy, un pez, un simio, un gato, una jirafa y un hipopótamo. Detrás de este grupo se encuentra un árbol largo y estrecho. El profesor, con buena intención, les dice: "Para garantizar la igualdad de condiciones entre todos ustedes, todos serán sometidos a la misma prueba. Todos deberán subir a la copa del árbol que se encuentra a sus espaldas".

Al analizar la situación que nos plantea la imagen, vemos que en este contexto casi todos los animales, con excepción del simio, se vería limitado para cumplir la tarea; la reflexión parte de peguntarse ¿cuál es la causa de esta limitación? Es pertinente la pregunta ¿el pez tiene discapacidad?, la respuesta es no, no la tiene, pues su diseño biológico es ese y con esa forma, este ser cumple una función importante en esta vida y en este mundo. Su limitación para subir a la copa del árbol no tiene nada que ver con su diseño biológico ni con su forma de ser.

Desde la visión anterior, al hacer la analogía con un niño nacido sin brazos, surge la interrogante ¿es un niño con discapacidad?; este niño sometido al esquema del modelo médico viviría la experiencia de recibir un par de brazos postizos que "normalizarían" su apariencia y le hicieran cumplir las especificaciones de una persona convencional. En cambio, bajo la concepción del nuevo modelo social (la discapacidad está en el entorno y no en la persona), se le vería como un niño cuyo diseño biológico es distinto y se trabajaría en aplicar un tratamiento adecuado a la discapacidad del entorno que lo rodea, haciendo las adaptaciones correspondientes, es decir, desarrollando la istenidad, para su libre desenvolvimiento y desarrollo. En consecuencia, es necesario repensar la discapacidad y replantear la forma de abordarla para centrarnos más en la istenidad del entorno que rodea a la persona.

Habitar un cuerpo con determinadas condiciones físicas, mentales o sensoriales es una de las muchas formas de estar en el mundo. Entre las narrativas sobre la desigualdad que se expresan en el cuerpo, los estudios sobre discapacidad fueron los que más tardíamente surgieron en el campo de las ciencias sociales y humanas. Herederos de los estudios de género, feministas y antirracistas, los teóricos del modelo social de la discapacidad provocaron una redefinición del significado de habitar un cuerpo que había sido considerado, por mucho tiempo, anormal. (Diniz, 2007).

De lo que se trata, es de contribuir con la construcción de una nueva visión social hacia la discapacidad apoyado en la istenidad como neologismo orientador de nuestras sociedades para trabajar con el entorno discapacitante, para que la persona inmersa en él sea vista como expresión de la pluralidad de formas de funcionamiento humano.

En la actualidad, tres de las definiciones relacionadas con discapacidad mayormente divulgadas en los países de habla hispana son la de la Real Academia Española (RAE) y la de la Organización Mundial de la Salud (OMS). A continuación se muestra un análisis de estas definiciones incluyendo además la definición de discapacidad en la *Ley para las Personas con Discapacidad de Venezuela.*

Tabla 1. Algunas definiciones actuales de discapacidad

Diccionario de la Real Academia Española	**Discapacitado**: dicho de una persona que tiene impedida o entorpecida alguna de las actividades cotidianas consideradas normales, por alteración de sus funciones intelectuales o físicas. **Discapacidad**: cualidad del discapacitado.	Fuente: http://dle.rae.es /?id=DrrzNuK Fecha y hora de consulta: 8.1.16; 2:00 p.m.
Organización Mundial de la Salud	**Discapacidad** es un término general que abarca las deficiencias, las limitaciones de la actividad y las restricciones de la participación. Las deficiencias son problemas que afectan a una estructura o función corporal; las limitaciones de la actividad son dificultades para ejecutar acciones o tareas, y las restricciones de la participación son problemas para participar en situaciones vitales. Por consiguiente, la discapacidad es un fenómeno complejo que refleja una interacción entre las características del organismo humano y las características de la sociedad en la que vive.	Fuente: http://www.wh o.int/topics/dis abilities/es/ Fecha y hora de consulta: 8.1.16; 2:20 p.m.
Ley para las Personas con Discapacidad de Venezuela	**Discapacidad**: condición compleja del ser humano constituida por factores biopsicosociales, que evidencia una disminución o supresión temporal o permanente de alguna de sus capacidades sensoriales, motrices o intelectuales que puede manifestarse en ausencias, anomalías, defectos, pérdidas o dificultades para percibir, desplazarse sin apoyo, ver u oír, comunicarse con otros, o integrarse a las actividades de educación o trabajo, en la familia con la comunidad, que limitan el ejercicio de derechos, la participación social y el disfrute de una buena calidad de vida, o impiden la participación activa de las personas en las actividades de la vida familiar y social, sin que ello implique necesariamente incapacidad o inhabilidad para insertarse socialmente.	Fuente: http://www.co napdis.gob.ve/i ndex.php/desca rgas/category/3 -documentos- legales Fecha y hora de consulta: 8.1.16; 2:30 p.m.

Tal como se observa en el cuadro 1, en la definición de la RAE se plantea la discapacidad como una cualidad y se afirma que quienes tienen esta cualidad ven impedidas o entorpecidas sus actividades cotidianas consideradas normales por la alteración de sus funciones intelectuales o físicas (de la persona), es decir, se atribuye la causa del "entorpecimiento" a la persona, omitiendo las barreras que imponen los ambientes que la rodean y que tienen una influencia determinante al momento de considerar su participación plena y efectiva en cualquier sociedad, en igualdad de condiciones con las demás personas.

Muchas veces las restricciones para la participación plena de las personas con discapacidad se deben a las limitaciones que han sido impuestas por ambientes sociales con barreras y nada tienen que ver con la condición física o intelectual de la persona ni con su forma de funcionar.

Por su parte, la definición que exhibe la Ley venezolana concibe la discapacidad como la condición compleja del ser humano "constituida por factores biopsicosociales, que evidencia una disminución o supresión temporal o permanente, de alguna de sus capacidades (…) que limitan el ejercicio de derechos (…) o impiden la participación activa de las personas". Al analizar esta definición se observa que lo que impide la participación activa de las personas es su condición (de las personas), es decir se atribuye a esta condición lo que limita el ejercicio de sus derechos o impide su participación, desdibujando el entorno que rodea a la persona. Es como si el ambiente que envuelve a la persona con discapacidad estuviera exento de responsabilidades cuando en realidad es el mayor limitador de los derechos de estas personas a una vida de buena calidad.

Desconozco las razones por las cuales no se mencionan los entornos como corresponsables de las restricciones a las que se ven sometidas muchas personas con discapacidad, sin embargo hago un llamado como miembro de esta sociedad global para que permanezcamos vigilantes y anunciemos las omisiones que hayan tenido los redactores de leyes y las anunciemos con una intención sana de mejorar los escritos que rigen el actuar de nuestra sociedad.

Por su parte, la OMS sí incluye, en su definición de discapacidad, la interacción entre la persona y el ambiente que le rodea. Para la OMS la discapacidad se define como un fenómeno complejo que refleja una interacción entre las características del organismo humano y las características de la sociedad en la que vive. Aunque más avanzado, este concepto se limita a mencionar la interacción sin mencionar que la discapacidad se materializa cuando dicha interacción implica restricciones o limitaciones en el libre desenvolvimiento de la persona. Partir de una posición consciente de que la discapacidad está en el entorno y no en la persona, es seguir avanzando hacia una sociedad más inclusiva y tolerante.

Ahora bien, al reflexionar sobre tres definiciones de discapacidad ampliamente consultadas, se observa que tanto en las definiciones de la Real Academia Española como en la de la *Ley para las Personas con Discapacidad de Venezuela* se atribuyen las limitaciones a las condiciones de la persona y se omiten las limitaciones que impone el entorno, cuando en realidad es este el mayor responsable de dichas limitaciones.

En ese mismo contexto, imaginemos una persona en silla de ruedas cuya cotidianidad sea la siguiente: i) despertar en una casa con adecuada accesibilidad arquitectónica, salir de la cama y realizar su rutina de rigor: ir al baño, desayunar, etc., sin ninguna limitación, pues todo está diseñado en función de su situación. ii) Salir a trabajar desplazándose en un sistema de transporte adecuado, en el cual pueda subir y bajar sin la ayuda de nadie, pues no la necesita. iii) Ingresar a su sitio de trabajo sin obstáculos de ninguna índole. iv) Culminar la jornada laboral e ir a practicar algún deporte o visitar algún amigo. v) Regresar a casa y evaluar el día vivido reconociendo que pudo desarrollar cada una de sus actividades sin ayuda alguna. En este escenario, ¿esta persona tiene discapacidad o más bien podríamos decir que este entorno tiene un adecuado grado de istenidad?

En Venezuela, la *Ley para las Personas con Discapacidad* presenta una definición que pudiésemos llamar mixta (médico-social), ya que se refiere a la discapacidad como "la condición compleja del ser humano constituida por factores biopsicosociales", la parte "biopsico" proviene de un enfoque médico, y "sociales" de una óptica social. Es necesario repensar esta definición para trascender el modelo médico y adaptar el enfoque a un nuevo modelo social más cónsono con la convención de los derechos de personas con discapacidad y con una visión más humanista abordada con énfasis desde la gerencia posmoderna venezolana.

Es importante internalizar que la discapacidad es simplemente una condición, desde hace algunos años la discapacidad ya no es vista como una enfermedad, una disminución o una limitación que condena a las personas que la viven a ser improductivas. Por el contrario, vivir esta condición concede a las personas la cualidad de ser perseverantes, organizadas, planificadas y las capacita permanentemente en la resolución de problemas, lo que les convierte en trabajadores muy competentes.

¿Por qué cada vez más legislaciones en el mundo comprometen a las empresas públicas, privadas y mixtas a contratar personas con discapacidad?

Los estados miembros de la Organización Internacional del Trabajo (OIT) se reúnen cada año en Ginebra, Suiza, durante la Conferencia Internacional del Trabajo, la cual tiene lugar, generalmente durante el mes de junio. A este evento cada estado miembro envía una representación conformada por dos delegados gubernamentales: un delegado empleador y un delegado trabajador, más sus consejeros técnicos respectivos.

En junio de 2011 se celebró su 100ma reunión, durante el primer día de la conferencia, el director general de la OIT, Juan Somalia, presentó el informe titulado *La igualdad en el trabajo: un objetivo que sigue pendiente de cumplirse. Informe global con arreglo al seguimiento de la declaración de la OIT relativa a los principios y derechos fundamentales en el trabajo*, en el cual presenta las estadísticas en esta materia y describe la situación laboral de grupos sociales que requieren particular atención. Uno de estos grupos es el de personas con discapacidad. A nivel mundial, el mencionado informe reporta que existen aproximadamente 650 millones de personas con discapacidad de las cuales unas 470 millones están en edad de trabajar y son discriminadas por diferentes razones Somalia, 2011).

Adicionalmente, el informe menciona que la personas con discapacidad también suelen cobrar salarios bajos, las cifras correspondiente a los Estados Unidos muestran que en 2007, los ingresos medios de las personas con discapacidad, en edad de trabajar y empleadas a tiempo completo durante todo el año ascendían a 34.20 dólares, frente a los 40.700 dólares correspondientes a las personas sin discapacidad; en la República de Corea, las personas con discapacidad ganan una media de 18.888 dólares de los Estados Unidos al año, frente a los 28.800 dólares que perciben las personas sin discapacidad. Esta situación deja en evidencia la situación de condición en la que se encuentran las personas con discapacidad.

Por otra parte el informe plantea que de acuerdo con cifras del Banco Mundial, el veinte por ciento de los pobres del mundo sufre algún tipo de discapacidad. Un avance legislativo importante en este ámbito ha sido la entrada en vigor en 2008 de la Convención de las Naciones Unidas sobre los derechos de las personas con discapacidad, la cual impulsa en el mundo a que cada vez más las legislaciones se incorporen comprometiendo a las empresas a contratar personas con discapacidad visual, auditiva, fisicomotora, intelectual y múltiple, según sea el caso.

¿Por qué el nivel de contratación de gente con discapacidad no es elevado?

En mi opinión, esto se produce más por desconocimiento o falta de información en el tema que por otra razón. Por una parte, tenemos personas con discapacidad con toda la disposición de convertirse en trabajadores de excelencia, entusiastas, responsables, con ganas de hacerlo bien; y por la otra, tenemos un importante grupo de empleadores queriendo contar con trabajadores que tengan estas características.

En este sentido, muchos empresarios, tanto del sector público como privado, tienen una imagen equivocada de la gente con discapacidad, lo que les predispone a pensar que son personas enfermas y poco productivas. He observado como muchos se sorprenden cuando les digo que una persona ciega puede manejar el computador con notable destreza o que muchachos sordos ya forman parte de la policía militar venezolana, solo por citar dos ejemplos. Otra razón es que muchos piensan que se necesitan hacer cuantiosas inversiones en infraestructura para poder incorporar a trabajadores de este sector de la población, lo cual no siempre es cierto.

Es por esto que considero muy importante que todos los que hacen vida en una empresa grande, mediana, pequeña, pública, privada o mixta se capaciten en esta materia y conozcan todo el potencial que tienen los hombres y mujeres con discapacidad.

En nuestra América, varios países disponen de leyes con cuotas de contratación para gente con discapacidad estableciendo que toda empresa pública, privada o mixta debe incorporar a trabajadores con discapacidad y especifica sanciones para quienes la incumplan. Por esta razón es importante que toda empresa realice actividades de formación y asesoramiento a fin de conocer y aplicar las herramientas para ejecutar este proceso de forma exitosa. Siempre con la idea de desarrollar la célebre relación ganar-ganar. Ganan empresarios, ganan las personas con discapacidad, gana la sociedad, ¡ganamos todos!

En función de estos señalamientos sobre la inserción de las personas con discapacidad al mercado laboral, primeramente hay que centrar la gerencia en el contexto de la educación universitaria, a los efectos de relacionar al ser y el existir del sujeto como objeto del proceso de formación en una dimensión dialógica, participativa, alejada del criterio inquisidor que determina, establece e impone la condición de participar según su capacidad como miembro de una organización social, que no se hace responsable de su destino histórico, en lo que se refiere a ser incluido en condiciones de igualdad para recibir una educación superior.

Por otra parte, son evidentes las contradicciones estructurales que generan desequilibrio, por las relaciones negativas, en términos de sus efectos sobre las personas con discapacidad que no pueden beneficiarse de los bienes materiales creados por la sociedad, a partir de la poca disposición de los mismos y la carencia de recursos adaptados a la nueva sociedad del conocimiento que no reconoce barreras. Un sistema educativo que pretende ser igual para todos, pero que al cumplir programas diseñados, desconociendo la pluralidad local, regional, cultural y étnica profundiza aún más la desigualdad entre las personas con discapacidad.

En cuanto a la clasificación de las personas con discapacidad en el mercado laboral, en la actualidad, la industria debe enfocarse en el mejoramiento continuo de la calidad de sus procesos, productos, servicios y su compromiso social con las comunidades que conviven en sus adyacencias si quieren ser competitivos en el mercado. En este esfuerzo por el mejoramiento continuo y la sana competencia por la conquista del gusto de los consumidores, son los trabajadores quienes juegan un papel vital, pues es solo con la participación de ellos que se pueden alcanzar objetivos.

Los trabajadores, como todo grupo humano, son heterogéneos y están conformados por personas de distintas razas, credos, culturas, entre otros. Hoy en día vemos como a estos grupos ya se han integrado de manera plena las mujeres y los afrodescendientes, y en menor medida se ve la integración de los indígenas y de las personas con discapacidad.

El éxito de toda empresa pasa por una adecuada gestión del talento humano y por conocer el enorme aporte que las personas con discapacidad pueden entregar a sus procesos, esto se cumplirá eficazmente en la medida en que se desarrolle istenidad en las empresas y en la sociedad en general.

III. HUMANISMO, COMPLEJIDAD, GERENCIA, ISTENIDAD

"El que no vive para servir, no sirve para vivir".

MADRE TERESA DE CALCUTA

A continuación presento las principales bases teóricas que soportan la generación de la nueva teoría que emerge de los estudios de la discapacidad, que más bien (en mi opinión) debería llamarse ciencias de la istenidad.

Comenzamos mencionando la teoría del humanismo. Humanismo es el término utilizado para referirse a cualquier teoría o doctrina de intención filosófica cuyo centro sea el ser humano, estudia la significación del hombre dentro del mundo y sus valores. De acuerdo con Maritain (2001), el humanismo, en este sentido, tiende esencialmente a hacer al hombre más verdaderamente humano y a manifestar su grandeza original haciéndole participar en todo cuanto puede enriquecerle en la naturaleza y en la historia. Requiere un tiempo para que el hombre desarrolle las virtualidades en él contenidas, sus fuerzas creadoras y la vida de la razón, y trabaje para convertir las fuerzas del mundo físico en instrumentos de su libertad. En el pensamiento filosófico del siglo XX el tema del humanismo cobra una significación especial: la filosofía existencialista, que parte de un análisis de la existencia humana teorizando la cuestión humanista.

Teoría Humanista de Carl Rogers

Rogers participa en estudios realizados en sicología aportando diversas ideas provenientes de su misma actividad, primero en la asesoría y la sicoterapia y luego directamente en la educación. Sus aportes más significativos son las innovaciones en técnicas de asesoría, teoría de la personalidad, filosófica de la ciencia, investigación en sicoterapia, grupos de encuentro, enseñanza centrada en el estudiante.

El punto básico de su enfoque es que está centrada en la personalidad o el cliente, como se llama en sicoterapia, esto significa que la persona que requiere ayuda no es un ser dependiente sino una persona responsable, capaz de tomar decisiones que consciente o inconscientemente van a regular o controlar los pensamientos, sentimientos o comportamientos propios o de otros individuos.

Para Rogers (1999) ese potencial y sus recursos representados en el deseo de aprender, de descubrir, de aplicar conocimiento y experiencias que se liberan y afloran al exterior en ciertas circunstancias: la creación de un cierto tipo de relación entre el facilitador y el educando, permite a este descubrir en sí mismo su capacidad de utilizar esa relación para su propia maduración mediante la producción del cambio y del desarrollo individual.

Esa relación será mucho más productiva en la promoción del crecimiento personal y en la liberación de la capacidad del individuo para comprender y gobernar su vida, mientras más favorable sea el clima sicológico en que se desarrolle y para ello Rogers (1999) considera importante la presencia de tres condiciones:

-. Autenticidad: mientras más se manifiesta el facilitador tal como es mayor es la probabilidad de que la otra persona busque su propia autenticidad, que cambie y crezca de manera constructiva.

-. Aceptación: aprecio o estimación por el individuo como ser, como valores propios independientemente de su condición, conducta o sentimiento aun cuando en ocasiones parezcan contradictoria.

-. Comprensión empática: de los sentimientos y pensamientos del educando sin evaluar ni juzgarlo, facilitará la posibilidad de que explore con libertad dentro de sus vivencias más profundas tanto a nivel consciente como inconsciente.

Su teoría plantea la maduración de la persona al límite que pueda tomar decisiones y tener mejor interrelaciones personales perfeccionando la comunicación. Tomando en consideración las condiciones que presenta el autor para lograr una persona independiente, segura de sí misma e integralmente operativa en su entorno escolar.

Teoría del aprendizaje social de Albert Bandura

El aprendizaje social (que también recibe los nombres de aprendizaje vicario, aprendizaje observacional, imitación, modelado o aprendizaje cognitivo social) es el aprendizaje basado en una situación social en la que, al menos, participan dos personas: el modelo (que realiza una conducta determinada) y el sujeto (que realiza la observación de dicha conducta y cuya observación determina el aprendizaje).

El aprendizaje social está a la base de la transmisión cultural, pues permite que las habilidades adquiridas por algún miembro de la comunidad puedan transmitirse al resto, sin que sea preciso que cada uno las adquiera a partir de su propia experiencia. Muchos investigadores consideran que este tipo de aprendizaje es exclusivo de los seres humanos o, en todo caso, lo amplían a los animales superiores como los primates.

El centro de esta teoría son las influencias cognitivas y sociales que parten del proceso de pensamiento, de sus creencias y de la confianza que tenga la persona en sí misma para imitar las conductas observadas, centrándose en la atención, en la memoria y en la motivación, de allí que tanto líderes empresariales como gerentes deben ser ejemplo para el logro de los éxitos de los trabajadores, incluidos, por supuesto, los trabajadores con discapacidad.

La imitación tiene un papel fundamental en la adquisición y en el mantenimiento de las conductas en las personas. Según la teoría del aprendizaje social, la exposición a modelos agresivos debe conducir a comportamientos agresivos por parte de las personas, especialmente niños. Esta opinión está respaldada por diversos estudios que muestran que se producen aumentos de la agresión después de la exposición a modelos agresivos, aun cuando el individuo puede o no sufrir frustraciones.

Lo anteriormente expuesto está respaldado por diversos estudios que muestran que se producen aumentos de la agresión después de la exposición a modelos agresivos, aun cuando el individuo puede decidir si imitar o no conductas o modelos observados. Cabe destacar que el proceso de modelado puede darse a través de factores como la atención, retención, reproducción y motivación. Por lo que estos modelos pueden tener efectos tanto positivos como negativos en el desarrollo social, planteando explicar el proceso de aprendizaje del comportamiento agresivo.

Por tal motivo, los enfoques teóricos conductuales contribuyen a especificar los dinamismos activos que están relacionados con el enfoque sobre la convivencia social, reflejado en cada factor inherente que hace relevancia a las estructuras bases que están en concordancia con la realidad interactiva permitiendo una realidad observada.

La complejidad y la Teoría General de Sistemas

La complejidad se fundamenta, en buena medida, en la Teoría General de Sistemas, la cual se inició en 1925, cuando Bertalanffy hizo públicas sus investigaciones sobre el sistema abierto. Aunque fue hasta 1945 cuando este concepto adquirió su derecho a vivir, es ya en la actualidad una herramienta que permite la explicación de los fenómenos que se suceden en la realidad y también hace posible la predicción de algunos eventos futuros (Johansen, 2004). Para esto, la realidad ha sido dividida y sus partes explicadas por distintas ciencias, así que la teoría general de sistemas es un corte horizontal que pasa a través de todos los diferentes campos del saber humano para explicar y predecir la conducta de la realidad; es un enfoque interdisciplinario y, por lo tanto, aplicable a cualquier ámbito, tanto natural como artificial.

Un sistema es un conjunto de elementos dinámicamente interrelacionados que realizan actividades para alcanzar un objetivo; operando sobre datos, energía o materia para poder así transformarlos en información, energía y materia (Arrascaeta, 2007 y Eguiluz, 2007). De lo anterior, es pertinente destacar dos elementos básicos:

- El propósito u objetivo: todo sistema tiene uno o más propósitos. Los elementos u objetos, como también las relaciones y el esquema de organización, definen un todo que trata siempre de alcanzar sus metas.

- Globalidad o totalidad: un cambio en una de las unidades del sistema probablemente producirá cambios en otra; el efecto del mismo será algún tipo de ajuste a todo el sistema; existen entre ellos relaciones de causa y efecto. De estos cambios y ajustes se derivan tres propiedades: entropía, entropía-negativa (neguentropía) y homeostasis.

La teoría general de sistemas, es una corriente iniciada por Von Bertalanffy; el esfuerzo central de este movimiento es llegar a la integración de las ciencias, y el segundo movimiento es más práctico y se conoce con el nombre de "ingeniería de sistemas" o "ciencias de sistemas" iniciada por la Investigación de Operaciones (Johansen, 2004).

En general, se puede señalar que los sistemas son un conjunto de partes coordinadas y en interacción para alcanzar un conjunto de objetivos, es decir, un grupo de partes y objetos que interactúan y que forman un todo o que se encuentran bajo la influencia de fuerzas en alguna relación definida (Eguiluz, 2007 y Johansen, 2004).

La Organización Internacional de General Systems Society Research define a los sistemas como "un conjunto de partes y sus interrelaciones" (Johansen, 2004). Se pude señalar que cada una de las partes que encierra un sistema puede ser considerada como subsistema, es decir, un conjunto de partes e interrelaciones que se encuentran estructural y funcionalmente dentro de un sistema mayor y que posee características propias. Aunque estos también requieren tener ciertas características sistémicas como el principio de la recursividad, es decir, lo que es aplicable al sistema lo es para el subsistema; viabilidad, significa la capacidad de sobrevivencia y adaptación de un sistema a un medio cambiante.

La Teoría General de Sistemas se fundamenta en tres premisas básicas (Arrascaeta, 2007):

- Los sistemas existen dentro de sistemas; cada uno está dentro de otro más grande. Cada sistema que se examine, excepto el menor o mayor, recibe y descarga algo en los demás.

- Los sistemas abiertos se caracterizan por un proceso de cambio infinito con su entorno, que son otros sistemas. Cuando el intercambio cesa, el sistema se desintegra, pierde sus fuentes de energía y muere.

- Las propiedades de los sistemas no pueden ser descritas en términos de sus elementos separados; su comprensión aparece cuando se estudian como un todo.

De acuerdo con Bertalanffy (1976), el "crecimiento" del sistema es directamente proporcional al número de elementos presentes, que según el crecimiento del sistema este será positivo o negativo, y el sistema aumentará o disminuirá respectivamente. En matemáticas, a la representación exponencial se le denomina Ley de Crecimiento Natural; en las ciencias sociales, se llama Ley de Malthus y representa el crecimiento ilimitado de una población cuya tasa de natalidad es superior a la de mortalidad.

En la opinión de Eguiluz (2007), el sistema total es aquel

representado por todos los componentes y relaciones necesarias para la realización del o los objetivos, los componentes (subsistemas) pueden operar, tanto en serie como en paralelo. Para hablar de totalidad hay que mencionar que un sistema se conduce como un todo y los cambios en cada elemento dependen de todos los demás, es decir, un cambio en un elemento del sistema va a traer alteración en el sistema, por mínima que sea (Bertalanffy, 1976).

Aspectos conceptuales
Dignidad humana en las personas con discapacidad

Es habitual considerar a la dignidad humana como el fundamento de los derechos. En este sentido, este término se utiliza para hacer referencia a una serie de rasgos que caracterizan a los seres humanos y que sirven para expresar su singularidad. Los derechos humanos se presentan como los instrumentos que tratan de proteger esa dignidad. En tal sentido, Santos (2010) acota lo siguiente:

> La dignidad es así tanto el presupuesto de los derechos como aquello que estos tratan de proteger. Ahora bien, el ideal de la dignidad humana ha estado asociado con el modelo de ser humano ilustrado, caracterizado por la posesión de una serie de rasgos asociados a patrones estéticos y éticos. El modelo de ser humano de la Ilustración se apoyaba en patrones basados en la perfección (esto no era una novedad), puesta al servicio del logro de diferentes ideales que se lograban mediante la utilización de esos patrones. Así, la idea de dignidad humana, en este contexto, se apoyó en un ser caracterizado por la capacidad y por el desempeño de un determinado papel social. Y ello se trasladó a la concepción de los derechos.

En efecto, la Teoría de los Derechos Humanos ha estado cimentada sobre un modelo de individuo caracterizado, principalmente, por su "capacidad" para razonar, por su "capacidad" para sentir y por su "capacidad" para comunicarse. Es ese modelo el que constituye (el que ha constituido tradicionalmente) el prototipo del agente moral, esto es, el prototipo del sujeto capacitado para participar en la discusión moral. La proyección de ese modelo en el contexto moral implica orientar esas capacidades hacia la cuestión moral, que no es otra que el logro de la felicidad o, si se prefiere, el logro de un plan de vida. Es a esto a lo que solemos denominar como "capacidad" moral, siendo también un rasgo identificador de los individuos, como agentes morales.

Esos atributos se presentan como argumentos que avalan la posibilidad de hablar de la dignidad humana y, desde ellos, se justifica la existencia de derechos cuya principal función es la de proteger el desarrollo de esa dignidad, en definitiva, de esas capacidades. Los derechos se presentan así como mecanismos que protegen el desenvolvimiento de la dignidad, principalmente limitando, restringiendo o eliminando las barreras que el uso de las "capacidades" puede encontrar.

Por otro lado, el ejercicio de esas capacidades, se suele poner en conexión con el papel que el individuo lleva a cabo en sociedad. Dicho de otra manera, según Goering (2002) "la idea de dignidad humana, claramente en el mundo antiguo pero igualmente en el moderno, suele relacionarse con el papel social de las personas". La idea de capacidad sirve en la medida en que los individuos son útiles para la sociedad y la comunidad, en la medida en que es posible obtener ciertos frutos sociales desde la actuación de las personas. Ciertamente en el mundo moderno se ha disminuido de alguna forma la radicalidad de esa afirmación, sobre todo a partir de la idea de que las personas no deben ser tratadas como medios sino como fines. Pero todavía en nuestros días seguimos de alguna manera valorando a las personas utilizando esos referentes. Pues bien, considero importante replantearnos esta construcción, cuestionarnos en definitiva ese modelo de ser humano digno.

En esta tarea parece necesario abandonar la relación entre capacidad y dignidad, relacionar a esta con la posibilidad y, en todo caso, centrar nuestra reflexión, no tanto en el significado de la dignidad humana cuanto en el de la vida humana digna. Como es sabido, los análisis de los distintos procesos históricos de los derechos suelen coincidir en subrayar la existencia de cuatro grandes procesos: el de positivación, el de generalización, el de internacionalización y el de especificación.

Este último se caracteriza por la aparición de derechos que se predican como propios de determinados colectivos o de sujetos que se encuentran en determinadas circunstancias; tal como lo expresa Núñez (2007) "los análisis recientes de la discapacidad, en conexión con los derechos humanos, siguen esta vía. Los derechos de las personas con discapacidad expresan ese proceso de especificación, desde el que se presta atención a situaciones concretas en las que se encuentran individuos o grupos".

A lo expresado por el autor se puede agregar que este tipo de aproximación debe ser cuestionado ya que abordar la discapacidad en el ámbito del proceso de especificación trae consigo y perpetúa la idea del sujeto con discapacidad como ser especial, fuera de lo normal. En este sentido, parece más apropiado matizar este enfoque y abordar la cuestión de la discapacidad en el ámbito del proceso de generalización y desde sus presupuestos. De lo que se trata es de generalizar la idea de los derechos, aunque esto exija medidas específicas, pues el proceso de generalización en lo básico supone la extensión de la satisfacción de los derechos a sujetos y colectivos que no los poseían.

Como es sabido, el origen histórico de los derechos está asociado a una clase social, la burguesía, y la satisfacción de los derechos no es, en ese momento, universal. Los derechos son reconocidos íntegramente a sujetos que poseen una serie de características, económicas, de género, etc. Aunque en el proceso de positivación (anterior en su origen al de generalización) se habla de la igualdad, no se trata de una igualdad universal.

El proceso de generalización es el intento de compaginar la idea de igualdad formal con la de la universalidad, y con ello extender la satisfacción de los derechos a todos los sujetos. Pues bien, este es el enfoque adecuado de la discapacidad. Núñez (2007) indica que "el reconocimiento de los derechos de las personas con discapacidad no se apoya en el reconocimiento de la especificidad de unos sujetos desde la que se justifica la atribución especial de derechos, sino en la necesidad de generalizar la satisfacción de los derechos a aquellos que no los tienen satisfechos".

En todo caso, "el modelo social de discapacidad: orígenes, caracterización y plasmación en la Convención Internacional sobre los Derechos de las Personas con Discapacidad", de Palacios (2008) lleva a cabo un examen exhaustivo de esta Convención Internacional, enmarcándola dentro de la evolución del tratamiento de la discapacidad y planteándola desde cuatro razones como expresión del denominado modelo social.

La primera de ellas radica en la exposición de los modelos históricos del tratamiento de la discapacidad, que ya había sido apuntada por la autora en otros trabajos, pero que es desarrollada en este de manera amplia, destacando las consecuencias de cada uno. La segunda estriba en la exposición del modelo social, paradigma del tratamiento actual de la discapacidad, al menos en el ámbito teórico (y también en la normativa más reciente). La tercera razón se manifiesta en la descripción del proceso que ha llevado a la adopción de la Convención, en relación con la evolución de los textos internacionales sobre derechos humanos y que constituye, además, un testimonio de una persona que ha participado en el mismo.

Por último, la cuarta razón radica en la descripción que lleva a cabo de la propia Convención, que sin duda irá acompañada en el futuro de otros estudios, pero que, dada la cercanía de su aprobación, constituye uno de los primeros trabajos al respecto en lengua castellana.

El modelo social en las personas con discapacidad

De acuerdo con Núñez (2007), "podría afirmarse que el origen, el desarrollo y la articulación del modelo social bajo análisis se ha generado básicamente a través del rechazo a los fundamentos expuestos anteriormente". Los presupuestos fundamentales del modelo social son dos. En primer lugar, se alega que las causas que originan la discapacidad no son ni religiosas ni científicas, sino sociales o al menos, preponderantemente sociales. Según los defensores de este modelo, no son las limitaciones individuales las raíces del problema, sino las limitaciones de la propia sociedad para prestar servicios apropiados y para asegurar adecuadamente que las necesidades de las personas con discapacidad sean tenidas en cuenta dentro de la organización social.

En cuanto al segundo presupuesto que se refiere a la utilidad para la comunidad se considera que las personas con discapacidad tienen mucho que aportar a la sociedad, o que, al menos, la contribución será en la misma medida que el resto de personas sin discapacidad. De este modo, partiendo de la premisa de que toda vida humana es igualmente digna, desde el modelo social se sostiene que lo que puedan aportar a la sociedad las personas con discapacidad se encuentra íntimamente relacionado con la inclusión y la aceptación de la diferencia.

Estos presupuestos generan importantes consecuencias, entre las que se destacan las repercusiones en las políticas a ser adoptadas sobre las cuestiones que involucren a la discapacidad. Así, si se considera que las causas que originan la discapacidad son sociales, las soluciones no deben apuntarse individualmente a la persona afectada, sino más bien que deben encontrarse dirigidas hacia la sociedad.

De este modo, el modelo anterior se centra en la rehabilitación o normalización de las personas con discapacidad, mientras que el modelo bajo análisis aboga por la rehabilitación o normalización de una sociedad, pensada y diseñada para hacer frente a las necesidades de todas las personas.

Tal como puede apreciarse en los párrafos anteriores, la vida de una persona con discapacidad tiene el mismo sentido que la vida de una persona sin discapacidad. En esta línea, las personas con discapacidad remarcan que ellas tienen mucho que aportar a la sociedad, pero para ello deben ser aceptadas tal cual son, ya que su contribución se encuentra supeditada y asimismo muy relacionada con la inclusión y la aceptación de la diferencia. El objetivo que se encuentra reflejado en este paradigma es rescatar las capacidades en vez de acentuar las discapacidades.

Conforme a dicha idea, las niñas y los niños con discapacidad deben tener las mismas oportunidades de desarrollo que las niñas y los niños sin discapacidad, y la educación debe tender a ser inclusiva, adaptada a las necesidades de todo como regla, reservándose la educación especial como última medida. En cuanto a los métodos de subsistencia de las personas con discapacidad, desde el modelo bajo análisis se plantean como métodos idóneos a la seguridad social y el trabajo ordinario, y solo excepcionalmente se acepta el protegido.

De todos modos, cabe resaltar que la connotación que tenía el trabajo como medio exclusivo de integración social en el modelo rehabilitador, es cuestionada por el modelo social, desde el cual se sostiene que el empleo no es la única manera de inclusión dentro de la sociedad. Por último, en lo relativo a las respuestas sociales, se basan en la búsqueda de la inclusión a través de la igualdad de oportunidades. Se verá que a dichos fines se presentan una serie de medidas, entre las que se destacan la accesibilidad universal, el diseño para todos, además de la transversalidad de las políticas en materia de discapacidad, entre otras.

De allí que se pudiera reflexionar en torno a que el modelo social se presenta en cierto modo en la actualidad como un reclamo, una aspiración, un ideal a alcanzar. Por ende, ciertos presupuestos que han sido plasmados en el ámbito del Derecho, aún no podría llegar a afirmarse que rijan en el ámbito de la dimensión social.

Es por ello que aspectos descritos anteriormente han sido deducidos de ciertas demandas sociales y sus recepciones normativas, pero no son una descripción exacta de lo que sucede en el escenario sociológico actual. Ello trae aparejadas ciertas consecuencias que afectan al modo de presentación del modelo, que si bien se intentará plasmar de manera similar a los anteriores, merece en esta etapa una breve reflexión sobre sus antecedentes inmediatos y sobre el modo en que la teoría filosófica que lo justifica se fue formando.

Persona con discapacidad

La noción de persona con discapacidad desde este modelo se basa, más allá de la diversidad funcional de las personas, en las limitaciones de la propia sociedad. De este modo se realiza una distinción entre lo que comúnmente se denomina "deficiencia" y lo que se entiende por discapacidad. Como se ha mencionado, el modelo social nació apuntalando la filosofía de vida independiente, pero acompañada de unos principios fundamentales que describen la discapacidad como una forma específica de opresión social.

Estos principios hacen una distinción entre deficiencia, la condición del cuerpo y de la mente, la discapacidad y las restricciones sociales que se experimentan.

IV. ISTENIDAD Y GERENCIA DE LA ISTENIDAD. PRIMERA PARTE

Hijas de una investigación científica

"El futuro tiene muchos nombres. Para los débiles es lo inalcanzable. Para los temerosos, lo desconocido. Para los valientes es la oportunidad".

VÍCTOR HUGO

La generación de una nueva teoría (más bien constructo teórico) debe estar sustentada por un camino científico, que en el argot de la investigación científica se le conoce como rigor metodológico, bagaje y apoyo en múltiples fuentes bibliográficas; de igual forma, debe estar sustentada por el cumplimiento de los llamados criterios de cientificidad evidenciados durante la realización de la investigación. El desarrollo del neologismo istenidad está sustentado por todos los elementos investigativos y científicos necesarios, plasmados en mi tesis doctoral. Es importante mencionar que esta tesis contó con la evaluación y aprobación de cinco doctores venezolanos, que aprobaron con máxima calificación la investigación científica realizada, avalando así su carácter académico y científico.

A continuación se presenta el camino científico recorrido para generar las teorías (constructos teóricos) de istenidad y gerencia de la istenidad, haciendo un necesario uso de terminología científica para evidenciar el cumplimiento del rigor metodológico.

El camino científico se inició abordando la interpretación de la realidad desde el paradigma cualitativo desde y sobre la gerencia posmoderna; es así pues que desde una complementariedad dada entre la hermenéutica y la fenomenología se logra interpretar y comprender la realidad en lo que a inclusión sociolaboral de personas con discapacidad se refiere.

Ahora bien, lo anterior constituye el soporte metodológico para la trayectoria metódica que se aplicó en la presente investigación. Se interpretó la realidad sociolaboral de las personas con discapacidad en la empresa venezolana, profundizando sobre la naturaleza de su realidad, analizando su dinámica y sus mecanismos, buscando la mayor cercanía posible al *dasein* de los gerentes que gestionan el talento humano en la empresa venezolana.

La investigación cualitativa actualmente es ampliamente utilizada en el estudio de las ciencias humanas, diversas aproximaciones metódicas están fundamentadas en distintos referentes teóricos. Es por ello que interpretar el fenómeno demandó el apoyo inicial de la fenomenología desde la concepción Husserliana para tratar de explicar la intencionalidad que caracteriza la conciencia de los gerentes posmodernos, sin embargo, considerando que dichos actores sociales laboran en empresas y que se observan como partes fundamentales de un sistema social, se incorporó la fenomenología de Shutz (1993), la cual ha servido para lograr una mejor interpretación de los hechos intervenidos en esta investigación; todo ello fue determinante para la comprensión desde la hermenéutica, con el propósito de captar las particularidades significativas que dan cuenta de la realidad social abordada en esta investigación.

Señala Dilthey (1980) que la comprensión tiene que ver con los sentimientos y valores, y debe ser abordada desde el interior de los fenómenos sociales, considerando la relación sujeto-objeto, empleando para ello el proceso hermenéutico, convirtiéndolo en un método general de la comprensión.

El abordaje cualitativo involucró referentes epistemológicos que fundamentaron este paradigma y acceder a esta investigación desde allí planteó un desafío, siendo los aportes de Husserl, Martínez, Schultz y Gadamer, los soportes necesarios de este paradigma.

El estudio se llevó a cabo desde una perspectiva fenomenológica donde se emprendió el sujeto de estudio como una experiencia concreta del humano que labora en el contexto de la gerencia, independiente de presuposiciones conceptuales (Martínez, 2006).

La fenomenología surge como crítica al modelo Newtoniano-cartesiano, al respecto Husserl (1976) afirma que "bajo la forma de la ciencia moderna, el saber racional se hace unilateral: no conoce más que al objeto, la naturaleza, la cantidad, se olvida al sujeto y se separa de él, de la sensibilidad, del espíritu y del mundo de la vida". Desde esta perspectiva, el fenómeno es observable "desde adentro del sujeto de estudio, se busca la esencia de la conciencia, es la vuelta al mundo vivido para buscar el significado del fenómeno".

El acto fenomenológico se relacionó con lo inductivo, lo subjetivo, lo afectivo, entre otros aspectos. En este contexto, para Leal (2005), están relacionados con "la condición humana para comprenderla, la dignidad del ser humano es el punto de partida, por lo tanto, hay que procurar la aceptación, el respeto y la tolerancia".

La postura metodológica supuso la edificación de un constructo teórico, partiendo de la realidad social de las personas con discapacidad. Igualmente y en atención a los propósitos de este estudio, se procedió a elaborar el esquema adoptado por el investigador y basado en la propuesta de (Martínez, 2006). Es necesario acotar que para la construcción del método no se consideraron en forma rígida las fases para el desarrollo de los estudios fenomenológicos desde la perspectiva de Husserl.

Mediante la hermenéutica, como investigador develé la conexión entre el ser y el lenguaje. Para Gadamer (1980), la conexión implica necesariamente la forma de lenguaje como un agente existencial mediador de la experiencia hermenéutica, en este sentido el horizonte del intérprete puede ampliarse hasta confundirse con el horizonte del objeto que se desea comprender; en este orden de ideas, el horizonte ha sido el ámbito de captación que recorre todo lo que se presentó ante el conocedor, desde la condición de cada persona.

En el texto referente a la verdad y el método de Gadamer (1990), el diálogo expresa integración y fusión de horizontes, es considerado como la finalidad de la hermenéutica donde la comprensión resulta de una relación recíproca del diálogo.

Refiere el autor que toda comunidad de vida humana es forma de comunidad lingüística que hace lenguaje; el lenguaje precede a los hablantes y el ser que puede ser comprendido, es lenguaje, resultando la lingüística de la hermenéutica.

Ahora bien, la argumentación esgrimida, señala que lo ontológico del ser Heidegger (1996) es reflejado en las dimensiones de lo observable, en la actitud y conducta del gerente, sus evidencias axiológicas y de comportamiento que devienen en algunos casos en conducta moral y constituyen el escenario que da cuenta de la visión en conducta moral y de la visión gerencial, soportada en el égida vertical lineal de lo administrativo, desde la administración científica. El reflejo ontológico, que puede develarse como entidad trascendente del ser gerente, lleva necesariamente inmersa la condición humana de quien cumple roles gerenciales: un ser humano que piensa, siente y se comunica (Maturana, 1996).

Asimismo, en cuanto a lo epistemológico el abordaje se realizó desde la episteme cualitativa. El investigador asumió que la realidad donde se produce la inclusión sociolaboral de las personas con discapacidad es multifactorial y compleja como resultado de la interacción entre los distintos eventos que configuran la gerencia posmoderna. Desde esta perspectiva, la investigación se fundamentó en el paradigma interpretativo, apoyado en la fenomenología mediante el uso de la hermenéutica, donde la indagación y la comprobación de las evidencias se establecieron a partir de las interrogantes e interpretaciones del investigador en su cotidianidad, como variantes de estudio del discurso centrado en la semiótica social para construir un corpus teórico que facilitara la interpretación del fenómeno de ser gerente de una gestión vinculada a una efectiva inclusión sociolaboral de personas con discapacidad en la empresa venezolana.

Se trató entonces de plasmar situaciones no explicadas en los enfoques tradicionales propios de la actuación de la gerencia posmoderna, desde la interrelación e interacción de sus miembros ante el surgimiento de vivencias institucionales donde se conjugó lo organizacional normado con lo institucional vivido, además, se vertió en el estudio no solo la faceta gerencial sino también la faceta de persona con discapacidad del sujeto de investigación, en otras palabras, han sido reconocidas distintas facetas del ser humano con sus capacidades y competencias, el sentido de identidad personal, la racionalidad y la dimensión humana, asociada a la noción de resiliencia y responsabilidad gerencial.

En cuanto a lo teleológico, para lograr el propósito de esta investigación, fue necesario profundizar en algunas dimensiones internas del sujeto de investigación, así como la interpretación del sentido y la subjetividad sobre procesos valorativos de lo vivido y narrado en historia de vida.

En lo axiológico, se indagó para conocer los elementos gerenciales, administrativos, morales, religiosos y culturales identificados en las vivencias del sujeto de investigación frente al fenómeno y cómo se expresaron estos elementos en lo referente a su concepción y aplicación de la praxis gerencial, teniendo presente el análisis interpretativo-comprensivo-explicativo. Se trató entonces de los juicios valorativos que han jugado un papel importante para conocer y comprender la realidad observada, pues al observar e interpretar se colocaron en el ámbito lingüístico los sistemas de creencias.

Desde la gnoseología se estableció la relación del hombre con el mundo. Aquí el ambiente de interacción del investigador significó una compresión de la realidad a través de lo vivido por el sujeto de investigación, desde una perspectiva fenomenológica.

Es así que en la realidad objeto de estudio, estuvo presente el análisis de las diversas subjetividades, reconociendo que la praxis gerencial posmoderna se conforma como un entramado organizacional, que surge de las interrelaciones entre las partes, permitiendo que estas se afiancen y subsistan. De esta manera, la investigación apuntó hacia el reconocimiento de la actividad gerencial desde una perspectiva compleja, donde los elementos de "resiliencia" y "talento humano" son producto de las acciones y relaciones que emergen del dinamismo de la inclusión sociolaboral. De acuerdo con Monasterio (2008), la gerencia debe observar las nuevas realidades organizacionales de manera compleja, "la complejidad es un paradigma emergente, originario de la física contemporánea que observa el universo y los sistemas físicos, biológicos, sicológicos y sociales, como un entramado dinámico y complejo de relaciones entre subsistemas interdependientes".

En el caso de la praxis gerencial, se asumió que la atención a personas con discapacidad es un tema transversal que toca varios sistemas de atención que maneja el estado y el entorno propio de cada persona, por consiguiente, dispone de causas internas y extremas que delinean al accionar gerencial en las organizaciones.

Para Katz y Kahn (1986), las organizaciones son subsistemas donde se conjugan lo formal, lo no formal y lo complejo, que presentan características peculiares y comparten rasgos comunes con todos los sistemas sociales abiertos, en el sentido de incorporar energía del ambiente; procesan o transforman esa energía incorporada, la convierten en algún producto característico del sistema, aportan dicho producto al entorno y vuelven a energizarse con base en las fuentes de energía de su ambiente.

En este contexto, las vivencias narradas por el sujeto de investigación resultaron claves, pues solo a través de ellas se logró develar la praxis gerencial desde lo cotidiano, interpretando la realidad a partir de la historia personal en aspectos relacionados con la discapacidad y la inclusión sociolaboral de quienes viven con esta condición. De hecho, existen conocimientos gerenciales propios de la resiliencia, solapados tras los enfoques gerenciales prevalecientes que pulsan explicaciones deterministas de las instituciones desde una óptica ajena, donde permanentemente las praxis en el espacio humano se encuentra sobrecargada de una multiplicidad de eventos interdependientes que delinean el accionar gerencial.

El componente metodológico en el proceso de investigación adquiere importancia a partir del punto de vista o enfoque paradigmático, con el que el investigador percibe la realidad estudiada, el cual depende de la posición epistémica que define lo que el investigador entiende como conocimiento y que responde a un dominio común y compartido de la ciencia, a objeto de dar respuesta a una demanda de conocimiento sobre situaciones típicamente particularizadas.

En este contexto, Goetz y Le Compte (1988) señalan que el proceso de investigación, como producto de la creación humana, implica una concepción relacionada con las experiencias del investigador, las normas socioculturales del medio y los fundamentos filosóficos que pueden sustentar los involucrados en el proceso, para de esta manera producir conocimientos.

Según esto, la integración metódica asume como objetivo la explicación y comprensión global del fenómeno en diferentes ámbitos para crear perspectivas distintas y alternativas desde múltiples disciplinas.

El investigador, al considerar a la investigación como un proceso de producción de conocimiento, consideró la metodología como el medio de control para realizarla, en función del abordaje del hecho social investigado que se contextualizó con relación a la realidad percibida y en función al nivel de conciencia que capacita al investigador para referirse al objeto de investigación.

Todo esto indica que para realizar esta investigación fue necesario y fundamental tomar en cuenta tres factores:

- La posición ontológica del investigador sobre el objeto de conocimiento;
- La opción epistemológica del investigador como sujeto de investigación y
- El enfoque metodológico utilizado para abordar la realidad del hecho social investigado.

Posición ontológica del investigador

La ontología se planteó como un sistema de representación del conocimiento, cuyo objetivo fue la identificación de los conceptos relevantes en el modelo abstracto del fenómeno percibido, estableciendo las características fundamentales o modos generales de ser de las cosas. La ontología proviene de dos términos griegos: οντος que significa ser y λόγος que significa estudio; por lo que etimológicamente remite al estudio del ser. Según Albornoz (1995), la ontología "es la ciencia del ente en cuanto tal y lo que esencial y directamente le pertenece".

La ontología es el estudio del ente en cuanto tal, por ello es llamado teoría del ser, es decir, el estudio de las cosas: qué es y cómo es posible. La ontología se ocupa de establecer las categorías fundamentales o modos generales de ser de las cosas.

Partiendo de estas premisas y de acuerdo con Martínez (2004), el conocimiento será siempre el resultado de una interacción dialéctica, de un diálogo entre ambos componentes: imagen o estímulos físicos de la realidad exterior y contexto personal interior, objeto y sujeto.

Por consiguiente, el investigador desde esta base asumió una posición ontológica interpretativa-dialéctica para la representación conceptual del ente (ser) sujeto/objeto de estudio; cómo es la persona con discapacidad y su inclusión sociolaboral. Para realizar esta interpretación se aplicó un proceso hermenéutico, el cual según Dilthey (1980), la hermenéutica es el proceso mediante el cual conocemos la vida síquica con la ayuda de signos sensibles que son su manifestación, es decir, que la hermenéutica tendrá como misión descubrir los significados del "ente" o "ser" objeto de estudio para comprender e interpretar, lo mejor posible, las palabras, los escritos, los textos y los gestos, pero considerando su singularidad en el contexto del que forma parte.

Sandin (2003) señala que los supuestos esenciales del interpretalismo son:

- Naturaleza interpretativa, holística, dinámica y simbólica de todos los procesos sociales.

- El contexto como un factor constitutivo de los significados sociales.

- El objeto de la investigación como la acción humana y la causa de esas acciones residen en el significado interpretado que tiene para las personas que las realizan.

- El objeto de la construcción teórica es la comprensión teleológica antes que la explicación casual.

- La objetividad se alcanza accediendo al significado subjetivo que tiene la acción para su protagonista

Fundamentación epistemológica

La opción epistemológica tiene que ver con los intereses y las necesidades del investigador como sujeto de investigación y la naturaleza del objeto de conocimiento. La epistemología establece la crítica desde la reflexión que se practica a las teorías sustentadas en el discurso resultante del proceso investigativo; por ello es importante que se asuma para darle sentido y orientación a la metodología así como a las reglas de interpretación que se cumplirá en el abordaje del hecho social investigado.

La epistemología en su etimología griega parte del vocablo ἐπιστήμη (episteme), que significa tratado del conocimiento; y en una primera aproximación conceptual se define como el estudio de la constitución de los conocimientos válidos.

La epistemología es la disciplina que estudia la búsqueda del conocimiento y su objetivo es aclarar las condiciones en que es posible el conocimiento humano, así como los límites dentro de los cuales puede darse este conocimiento; este es el enfoque asumido por el investigador, mediante el cual se juzga sobre su validez y sobre su alcance.

Según Martínez (2004), la epistemología traduce el modo particular que tiene un grupo humano de asignarle significado a los hechos, casos y eventos fenoménicos, es decir, la capacidad y forma de simbolizar la realidad. La epistemología es abstracta, en tanto sus principios se reconocen por reflexión, no por experimentación u observación.

Por consiguiente, todo proceso de intelección creativa para la generación de un nuevo conocimiento implica la configuración de una nueva matriz epistemológica, como trasfondo existencial y vivencial del ser humano; básicamente esto sostiene que los investigadores no pueden comprender la conducta humana sin comprender el marco interno de referencia desde el cual los sujetos interpretan sus pensamientos, sentimientos y acciones, como unidades de significado, de sentido. De este modo, el concepto de "vivencia" que responde al conjunto de nuestras experiencias constituye la base epistemológica para todo conocimiento.

Con base en lo explicado anteriormente, el investigador asumió como opción epistemológica para el desarrollo de la presente investigación, el enfoque fenomenológico, el cual fue pertinente con la perspectiva dialógica-compleja adoptada por el investigador, por cuanto el abordaje del hecho social investigado fue interpretado desde el interior del sujeto investigado, para acceder al fenómeno estudiado.

Cabe considerar que, según Heidegger (1996), el fenómeno es lo que se muestra a la conciencia, de donde se concreta no tanto a los hechos sino a sus esencias, reconociendo la experiencia vivida en sí misma y en los demás seres vivientes de lo humano. Por ello, para Heidegger, la existencia es más que mera cognición, porque el ser humano tiene un compromiso vivo con el mundo, por eso el control de la intencionalidad es la interpretación; para él la vivencia que se apropia de lo vivido es la intuición comprensiva hermenéutica que busca el significado del ser.

Dice Heidegger (1996) que el primer nivel epistémico de la investigación fenomenológica es comprender y el paso a la expresión es la interpretación, que a través del nexo aprehensión se da la mediación entre lo evidenciado del entorno y la comprensión del significado del ser. Heidegger abordó el método fenomenológico para estudiar la intención que se muestra ante la conciencia, el estudio de lo que "es", lo ontológico.

En este contexto, Heidegger apunta que los significados no son intenciones, son propósitos para que tomen formas nuestras acciones, porque el mundo depende de los seres humanos, en la fenomenología existencial. El significado no se manifiesta a nuestra intención de forma inmediata, por eso la necesidad de la hermenéutica. De allí, la praxis del método hermenéutico, como modo de descifrar la relación existencial entre sujeto y objeto, puesto que se trata de un movimiento en el pensamiento que va del todo a las partes y de las partes al todo, de modo que en cada movimiento aumenta el nivel de comprensión a través de un proceso dialéctico, es el lenguaje como significación.

En esta perspectiva Serrano (1999) plantea que "la investigación según el paradigma fenomenológico trata de entender la realidad social considerada como la perciben las personas. Se interesa por la comprensión personal, los motivos, los valores y las circunstancias que subyacen en las acciones humanas".

Dimensión axiológica

En cuanto a la dimensión axiológica se abarcó lo introspectivo desde el marco interno de referencia del sujeto de investigación (o informante clave) que vivió y experimentó la realidad en cuanto al fenómeno estudiado, considerando los valores de la persona como actor que interviene en el proceso investigativo, por tanto la teleología del estudio estuvo dirigida a planear la producción de constructos teóricos sobre la base de la inclusión sociolaboral de las personas con discapacidad.

De allí que la razón ontológica condujo a ocuparse de la naturaleza misma del sujeto estudiado, de los rasgos esenciales de su realidad. En consecuencia, la investigación desde la concepción pospositivista o enfoque cualitativo, mediante un proceso introspectivo e interpretativo del fenómeno estudiado.

En este sentido, Leal (2005) señala que "el paradigma cualitativo es interpretativo, se basa en la credibilidad y transferibilidad, su validez es más interna que externa; el investigador desarrolla conceptos, interpretaciones y comprensiones partiendo de los datos".

En este orden de ideas, el término cualitativo ordinariamente se usó bajo dos acepciones: una como una cualidad y otra más integral y comprehensiva, como cuando se representa la naturaleza y esencia completa, total de un producto.

Asimismo, Alvira (1998) se refiere a la metodología de la investigación cualitativa como el proceso mediante el cual se produce el conocimiento a partir de las vivencias y su interpretación, aproximándose a ella a través de técnicas en las que predomina el manejo cualitativo de las evidencias y la validación se hace mediante el consenso intersubjetivo; esto significa que con esta metodología el investigador, sin requerir de métodos establecidos, se aproximó al conocimiento del fenómeno estudiado a través de la sistematización y del análisis de la información obtenida, comprendiéndola e interpretándola.

Al respecto Strauss y Corbin (2002) plantean que el término investigación cualitativa se entiende como cualquier tipo de investigación que produce hallazgos a los que no se llega por medio de procedimientos estadísticos u otros medios cuantitativos. Puede tratarse de investigaciones de la vida, de la gente, de las experiencias vividas, de los comportamientos, de las emociones y de los sentimientos, así como del funcionamiento organizacional, de los movimientos sociales, de los fenómenos culturales y de las interacciones entre naciones.

Por consiguiente, la investigación cualitativa trata de identificar la naturaleza profunda de las realidades, su estructura dinámica, aquella que da razón plena de su comportamiento y manifestaciones. De aquí que lo cualitativo, que es el todo integrado, no se opone a lo cuantitativo sino que lo implica y lo integra, especialmente donde sea importante.

El hecho de abordar el estudio desde una investigación enmarcada dentro del paradigma cualitativo, donde se afirma que es inaceptable desligar pensamiento y realidad, permite llevar a cabo un proceso investigativo formando parte de dicha realidad y de esta forma tener la oportunidad de aportar experiencias sobre el hecho social investigado. En este sentido, el paradigma cualitativo tiene como propósito describir e interpretar sensiblemente exacta la vida social y cultural de quienes participan. Según Martínez (2000) el paradigma cualitativo se da cuando:

> Existe un diálogo entre sujeto-objeto donde tienen voz múltiples interlocutores, como los factores biológicos, sicológicos y sobre todo los culturales, todos ellos influyen en la conceptualización o categorización que se haga del objeto. Por ello no se podría destacar la objetividad y, menos aún, la verdad de algo sin señalar el enfoque, óptica o punto de vista desde el cual se percibe, ya que lo que se considera como conocimiento o lo que se estima verdadero se basa en un consenso, y este se da en un contexto social e históricamente determinado.

Proceso de categorización y saturación

La categorización fue un proceso que permitió describir lo expresado por el informante clave y para ello se hizo necesario reducir el abundante material informativo registrado con los resultados de las observaciones y la dialéctica discursiva realizada. Según Martínez (2006), este proceso descriptivo que deviene de lo expresado por los informantes y del ejercicio interpretativo de los conceptos agrupados en subcategorías, servirán para definir las categorías o unidades de análisis que no son más que los conceptos que representan al fenómeno en estudio. Según Strauss y Corbin (2002), "los acontecimientos, sucesos, objetos y acciones o interacciones que se consideran conceptualmente similares en su naturaleza o relacionadas con el significado, se agrupan bajo conceptos más abstractos denominados categorías".

Por otra parte, según los mismos autores, las dimensiones constituyen la escala en la cual varía las propiedades generales de una categoría y que le dan especificaciones a la categoría y variaciones a la teoría. Las categorías emergen de las subcategorías generando aportes teóricos para la generación de los constructos teóricos sobre una efectiva inclusión sociolaboral de las personas con discapacidad. En cuanto a la triangulación, Denzin (2006) la define como "la combinación de metodologías en el estudio de un mismo fenómeno" y se orienta mediante un control cruzado entre diferentes fuentes de datos, instrumentos, documentos o la combinación de todos ellos".

Mediante este procedimiento metodológico se construyeron los significados comunicacionales aportados por las unidades de análisis, como una forma de generar los conceptos y definiciones teóricas coherentes a la realidad intervenida. La triangulación que se cumplió en este estudio se orientó en función a las teorías, los métodos, las técnicas y los procedimientos empleados para recabar la información que se interpretó mediante la metódica construida con base en la teoría fundamentada que conllevó al desarrollo aproximado de las teorías referentes al hecho social investigado.

Denis y Gutiérrez (2002) señalan que la triangulación permite interpretar la situación en estudio a la luz de las evidencias provenientes de todas las fuentes empleadas en la investigación. Constituye una técnica de validación que consiste en "cruzar", cualitativamente hablando, la información recabada. La triangulación puede adoptar varias formas, pero su esencia fundamental es la combinación de dos o más estrategias de investigación diferentes en estudios de las mismas unidades empíricas. El ejercicio de la triangulación consiste básicamente en la comparación de información para determinar si esta se corrobora o no, a partir de la convergencia de evidencias y análisis sobre un mismo aspecto o situación.

Análisis de la información

Posteriormente a la recolección de datos, la información se categorizó para luego realizar la triangulación de datos que permitió contrastar la realidad abordada (investigador-sujeto, clave-teorías), convirtiéndose así en una triangulación mixta, es decir, la triangulación de métodos y técnicas, ya que se tomaron en cuenta todos los datos que fueron recogidos a través de las diversas técnicas empleadas con el fin de estudiar el problema. La información recolectada se reflejó en los registros de observaciones o diarios de campo, en los mismos se colocaron las respectivas categorizaciones y subcategorizaciones (atributos).

De esta forma se pudo resumir en pocas palabras las ideas y se hizo más fácil manejarlas. En función de ello, la información contenida en los registros, previamente categorizada, fue sometida a un proceso de triangulación, donde se consideraron los siguientes tipos básicos:

- Credibilidad: revisión y contraste de la información obtenida. El detalle de los diarios de campo, la posición asumida como investigador y como sujeto de investigación. Esta conducta fue objeto de auto y heteroobservación. El detalle de la actitud como informante, para evitar datos parciales o sesgados. Se identificaron las narraciones que indicaron contradicciones o datos imprecisos. La descripción exhaustiva del contexto físico e interpersonal, mediante el empleo de diversos métodos tecnológicos tales como: fotografías, videos o dibujos. Se identificaron los supuestos y metateorías subyacentes al estudio.

- Transferibilidad: implicó cuán capaz fue la investigación de producir interpretaciones que puedan ser usadas en contextos similares a los estudiados.

- Fiabilidad: el contraste de los datos con otras fuentes de información. La auditoría de la calidad de las decisiones efectuadas por el investigador y la confirmabilidad o uso de categorías descriptivas de bajo nivel inferencial. Preservación en vivo de la información (fotografías, videos, documentos, producciones de los participantes).

Asimismo, se presenta la bitácora de la investigación que está relacionada con lo epistemológico, en tanto se estudió el origen del conocimiento y sus formas, partiendo de la introspección del sujeto de investigación; en este caso, el conocimiento emergió de las experiencias vividas en su praxis gerencial desde una perspectiva posmoderna. Dentro de este contexto investigativo la bitácora simboliza esa especie de caja que se ha colocado junto al timón y en cuyo interior habita la aguja de marear. En el argot náutico la aguja de marear es un dispositivo diseñado para registrar la dirección de la quilla con respecto a la línea norte-sur del horizonte y sirve para hacer que la embarcación siga la trayectoria precisa para ir de un punto a otro. En el marco de esta investigación, lo ontológico evidencia que el problema se vincula con una discusión ligada a la búsqueda de lo nocional sobre el ser del gerente posmoderno, visto desde la perspectiva de la problemática epistemológica. Se interpretó al ser humano desde su subjetividad; en este caso al vicepresidente del Consejo Nacional para las Personas con Discapacidad de Venezuela en su quehacer gerencial, quien es el mismo autor de este libro, lo que permitió construir la teoría desde la fenomenología.

A continuación se presenta la figura 2 que representa el camino recorrido durante la investigación.

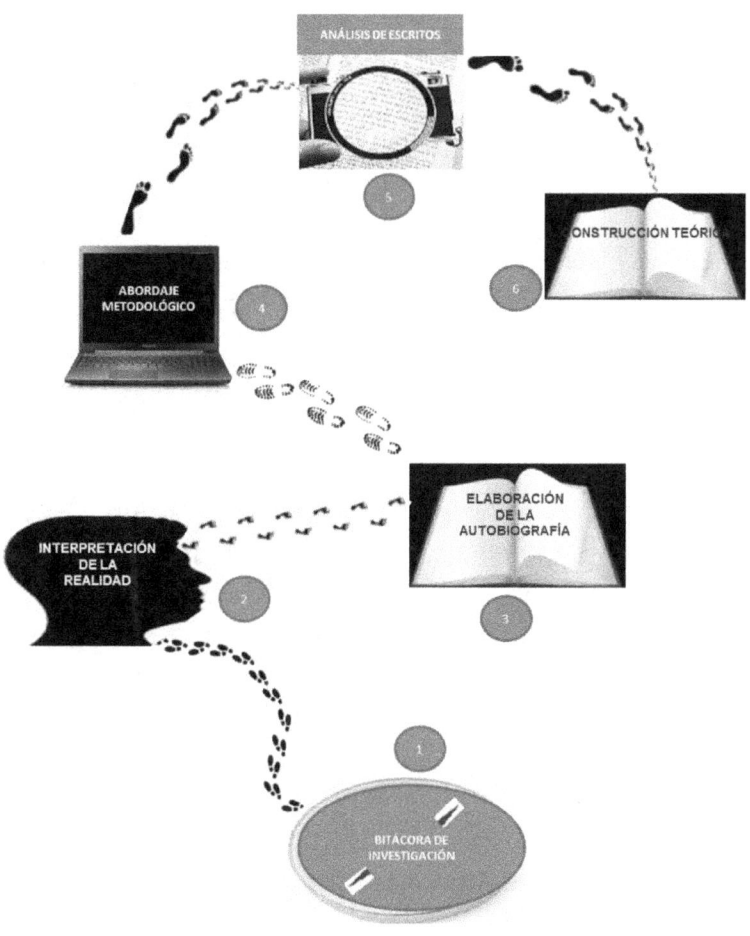

Figura 2. Bitácora metódica

Procedimiento

Se aplicó un procedimiento de seis fases, tal como lo plantea la figura 2. Según lo planteado por Martínez (2000), "en la metodología cualitativa se deben recoger los datos categorizándolos e interpretarlos ya que no se ejecutan en el tiempo gradual, sino que se entretejen continuamente". De esta manera la investigación a realizar se orientó en función a seis (6) fases, las cuales son las siguientes:

Primera fase: Revisión de los materiales e información del contexto (bitácora de la investigación)

En este momento se revisó y seleccionó el material relacionado con la literatura, las políticas, los valores, el sistema de inclusión sociolaboral de las personas con discapacidad, las teorías que sustentan la investigación y algunos tópicos que abarca el nuevo paradigma de la gerencia posmoderna. Aspectos teóricos que permitieron ampliar la percepción sobre el hecho social investigado y así contrastar teóricamente los aspectos conceptuales surgidos del proceso de saturación teórica a fin de ir generando los constructos teóricos. Al revisar todo este material se diseñó el camino a seguir para cumplir de manera satisfactoria con los propósitos establecidos en esta investigación.

Segunda fase: Interpretación de la realidad

Se inició con un cronograma para dedicar tiempo y propiciar espacios de silencio y soledad a fin de que el sujeto de investigación recreara su historia de vida detallando las vivencias relacionadas con su faceta como persona con discapacidad.

Tercera fase: Introspección, historia de vida

Posteriormente se inició el proceso de introspección y reflexión acompañado de una consulta amplia, no solo a diversos documentos que forman parte de la vida del sujeto de investigación sino a venezolanos que permitieron complementar la descripción de la historia de vida del informante clave durante los años vividos hasta el presente; información que fue publicada por medios de comunicación nacional. Se realizó el registro de la información en cada espacio o contexto seleccionado.

En función a los propósitos planteados y en atención a la experiencia empírica del investigador se procedió a elaborar la narrativa de la historia de vida del sujeto de investigación.

Cuarta fase y quinta fase: Abordaje metodológico y análisis del discurso

Se construyó la metódica propia del investigador, basado en la teoría fundamentada. Se inició la definición de las categorías abiertas y las unidades de análisis. Se inició el proceso de análisis interpretando en forma inductiva-deductiva, incorporando en matrices cada una de las categorías y subcategorías para explicar sus relaciones y conexiones con el fenómeno en estudio, a fin de contrastarlos con las teorías incorporadas y generar nuevos conceptos y definiciones sobre las categorías y subcategorías permitiendo la saturación del proceso de categorización realizado.

Sexta fase: Construcción teórica

De acuerdo con las unidades de análisis y las categorías y subcategorías seleccionadas se procedió a realizar el análisis crítico interpretativo de cada unidad de análisis, aplicando la metódica construida sobre la base de la teoría fundamentada incorporado en cuadros de categorías las definiciones conceptuales acerca de los constructos generados sobre las categorías emergentes de los hallazgos obtenidos cumpliéndose el ciclo hermenéutico desarrollado durante el análisis e interpretación de los resultados; abarcando la comprensión preliminar del fenómeno, la interpretación de los elementos contextuales en que los signos percibidos se relacionan y estructuran los significados para explicar el texto que el investigador proyectó en el contenido de los constructos teóricos develados.

Se procedió a describir e interpretar las categorías y compararlas entre sí, con la finalidad de encontrar similitudes, diferencias y vínculos posibles. Luego, emergieron los nodos conceptuales para la formación de significados y de esta manera develar los constructos teóricos desde y sobre la gerencia posmoderna.

Hallazgos y perspectivas

En función de los resultados incorporados en la matriz de codificación para el muestreo teórico sobre los discursos, se procedió a la organización de los muestreos de codificación abierta, axial y selectiva incorporando los siguientes hallazgos:

Muestreo de codificación abierta

1-. Convivencia como fuente de apoyo a la persona con discapacidad incorporada al mercado laboral.

2-. El olvido como cesación involuntaria de la memoria.

3-. Alternativas no convencionales relacionadas con recursos técnicos de apoyo.

4-. Las creencias como pilares que desarrollan la emoción.

5-. Capacidad emocional para ubicarse en un tiempo y espacio determinados como elemento de paz espiritual en el contexto laboral.

6-. La comunicación como elemento de confianza de las relaciones interpersonales en la transmisión de mensajes.

7-. La orientación vocacional como base de la identificación profesional.

8-. La fe como fundamento de la motivación al logro en el ejercicio de una profesión desde la transcomplejidad.

9-. Desarrollar competencias de buenos hábitos y disciplina para alcanzar y proyectar metas.

10-. Formación gerencial de la persona con discapacidad para aumentar su potencialidad como gerente en su campo laboral.

11-. La discriminación como elemento de exclusión de la persona con discapacidad del mercado laboral.

12-. La participación académica y social como elementos de cambio de actitudes y creencias predictivas en la persona con discapacidad.

13-. Conocimiento de sí mismo para desarrollar resiliencia en el contexto laboral con poder y energía de trabajo.

14-. El conocimiento como elemento de transformación y mejora de las relaciones interpersonales en las personas con discapacidad como sujetos cognoscentes.

15-. El primer empleo es la oportunidad que debe darse a las personas con discapacidad para demostrar sus competencias y su interés en incorporarse al mercado laboral.

16-. El neologismo "istenidad" interpreta la realidad de las personas con discapacidad como reflejo de que la discapacidad está en el entorno y no en las personas.

17-. Las personas con discapacidad como capital humano de las organizaciones tienen importancia por su correspondencia con el talento humano que le genera satisfacción laboral en la organización.

18-. El liderazgo de las personas que laboran en las organizaciones le permite asumir compromisos para su emancipación humana, política y social.

19-. El sistema de gestión de calidad potencia las relaciones organizacionales en el campo laboral.

20-. El saber hacer de las personas con discapacidad mejora las relaciones organizacionales valorizando sus acciones conscientes e inconscientes tanto creativas como innovativas.

Categorización axial y selectiva

Seguidamente se inició el proceso de categorización conformando las unidades de análisis para su contrastación según sus conexiones y relaciones hasta lograr las subcategorías y categorías en el proceso de saturación, dando como resultado las categorías centrales seleccionadas para ser conceptualizadas, lográndose la estructuración de cada categoría según los conceptos: nocional, conceptual y estructural, para finalmente representar las síntesis integrativas de los constructos generados desde y sobre la gerencia posmoderna para la inclusión sociolaboral de personas con discapacidad.

En esta etapa se continuó con lo iniciado desde el primer momento interpretativo del discurso recopilado a través de las grabaciones y las vivencias plasmadas por escrito, con la finalidad de develar los significados relevantes, producto del proceso introspectivo-interpretativo. De esta manera, se elaboró una ristra conductora entre las significaciones identificadas sobre la dinámica de la inclusión sociolaboral del informante clave como persona con discapacidad y como gerente.

Así la información, producto de la interpretación-comprensión-explicación, se categorizó dando inicio a una discusión articulada, relacionando los elementos de esta categorización con el objeto de avanzar en una comprensión integral de las significaciones encontradas, las cuales permitieron mostrar un cuerpo articulado de evidencias en esta investigación.

En este orden de ideas se hizo una distinción entre categorías que denotaron un tópico en sí mismo, y las subcategorías que detallan dicho tópico en microaspectos.

Ambas fueron emergentes, ya que irrumpieron desde el levantamiento de referenciales significativos a partir de la propia indagación, lo que se relacionó con la distinción que señala Elliot (1990) cuando establece "los conceptos sensibilizadores", correspondiente con las categorías emergentes.

Según el mismo autor, categorizar estaría relacionado con clasificar, conceptualizar o codificar mediante un término o expresión que sea claro o inequívoco (categoría) para mostrar el contenido o idea central de cada unidad temática.

Las categorías emergentes, producto de la saturación, se construyeron y se integraron (Martínez, 2006). Este proceso residió en clasificar las partes en relación con el todo, en asignar categorías, en ir constantemente diseñando y rediseñando, integrando y reintegrando el todo y las partes durante el estudio del material, de esta forma emergió el significado de cada dato; proceso que otorgó diversidad y riqueza a la investigación.

Ahora bien, interpretar y reflexionar acerca de dicho fenómeno trasciende los límites borrosos y en algunos casos sin fronteras del complejo accionar gerencial hacia una dimensión propia de un mundo de resiliencia y emociones que, tanto a la persona con discapacidad como al gerente les toca vivir y que significa estar atento al desarrollo de una dualidad entre el deber y el ser, poco vista desde una perspectiva humanizadora y humanista.

En esta última habría que considerar a la persona con diversidad funcional en su totalidad y colocar en el escenario una práctica gerencial que garantice su aceptación sin discriminación. Los propósitos de esta investigación constituyeron el itinerario justo y marcaron el designio idóneo para la generación de las discusiones necesarias.

Considerando los elementos categóricos emergentes al transitar las cotidianidades expresadas por el sujeto de investigación y los actores implicados en cada una de las vivencias reflejadas en su historia de vida.

A continuación se presentan las matrices de codificación axial:

Tabla 2. Matriz del muestreo de codificación axial

Hallazgos	Categorías	Subcategoría	Constructos
Convivencia como fuente de apoyo a la persona con discapacidad incorporada al mercado laboral	Convivencia como fuente de apoyo Relaciones interpersonales Transcomplejidad Motivación al logro Diversidad funcional Prácticas gerenciales	Emotividad Gerencia de la istenidad Interrelaciones organizacionales	Gestión Organizacional
El olvido como cesación involuntaria de la memoria	El olvido como sensación Emotividad	Inclusión laboral Lo importante de perseverar Adultez	Diversidad funcional
Alternativas no convencionales relacionadas con recursos técnicos de apoyo	Recursos técnicos de apoyo Relaciones interpersonales Prácticas gerenciales Emotividad Interrelaciones organizacionales	Transcomplejidad Motivación al logro Gerencia de la istenidad Diversidad funcional	Gestión Organizacional
Las creencias como pilares que desarrollan la emoción	Gerencia de la istenidad Percepciones subjetivas Prácticas gerenciales Subyacencia al entramado gerencial Relaciones interpersonales	Emociones Interrelaciones organizacionales Dialógica discursiva Narratividad Ser humano Gestión organizacional	Emotividad

Tabla 2. Matriz del muestreo de codificación axial (continuación)

Hallazgos	Categorías	Subcategoría	Constructos
Capacidad emocional para ubicarse en un tiempo y espacio determinados como elemento de paz espiritual en el contexto laboral	Capacidad emocional Relaciones interpersonales Prácticas gerenciales Percepciones subjetivas Subyacencia al entramado gerencial Interrelaciones organizacionales	Dialógica discursiva Narratividad que deconstruye el sentido humano Gestión organizacional Gerencia de la istenidad	Emotividad
La comunicación como elemento de confianza de las relaciones interpersonales en la transmisión de mensajes	Comunicación organizacional Gerencia de la istenidad Emotividad Afectación de la comunicación Trato de la persona Relaciones interpersonales	Orientabilidad Dimensionalidad Gestión organizacional Funcionalidad Estrés Aspectos sociales	Interrelaciones organizacionales
La orientación vocacional como base de la identificación profesional	Identificación profesional Emotividad Gerencia de la istenidad Dimensión social Estrés Trato de la persona Relaciones interpersonales	Dimensionalidad La persona como centro Funcionalidad Orientabilidad Gestión organizacional Afectación de la comunicación	Interrelaciones organizacionales

Tabla 2. Matriz del muestreo de codificación axial (continuación)

Hallazgos	Categorías	Subcategoría	Constructos
La fe como fundamento de la motivación al logro en el ejercicio de una profesión desde la transcomplejidad	Motivación al logro Prácticas gerenciales Emotividad Gerencia de la istenidad Relaciones interpersonales	Diversidad funcional Transcomplejidad Confianza Interrelaciones organizacionales	Gestión organizacional
Desarrollar competencias de buenos hábitos y disciplina para alcanzar y proyectar metas	Gerencia de la istenidad Emotividad Interrelaciones organizacionales Motivación al logro Relaciones interpersonales Prácticas gerenciales	Diversidad funcional Disciplina Orientación vocacional Transcomplejidad	Gestión organizacional
Formación gerencial de la persona con discapacidad para aumentar su potencialidad como gerente en su campo laboral	Formación gerencial Emotividad Interrelaciones organizacionales Gerencia de la istenidad Transcomplejidad Relaciones interpersonales	Motivación al logro Aspectos comportamentales Diversidad funcional Resiliencia Gerencia	Gestión organizacional
Istenidad interpreta la realidad de las personas con discapacidad como reflejo de que la discapacidad está en el entorno y no en ellas.	Istenidad Discapacidad Entorno Relaciones interpersonales Gerencia Ser humano Prácticas gerenciales	Capacitación Gestión organizacional Emotividad Interrelaciones organizacionales	Gerencia de la istenidad

El interés del investigador estuvo conectado con un beneficio epistemológico, el cual lo llevó a comprender e interpretar la cotidianidad de la práctica gerencial en la historia de vida estudiada, desde una perspectiva direccionada por dos aristas convergentes: la visión biológica del ser humano y la visión humanista que signa la condición axiológica y de comportamiento en sociedad; ambas se pueden asumir como nodo referencial para la construcción teórica.

En este contexto, elementos como la subjetividad, las emociones, los valores, la comunicación, la manera en que se relaciona el trabajador con discapacidad-gerente fue vinculante y esencial para orientar la interpelación cualitativa y obtener la próxima comprensión del fenómeno.

La codificación final fue el proceso mediante el cual se seleccionaron las categorías con sus subcategorías. Se denomina así porque la codificación acurre alrededor del eje de una categoría y enlazó las categorías en cuanto a sus propiedades y dimensiones.

Según Strauss y Corbin (2002), el proceso de la codificación axial implica las siguientes tareas: en primer lugar, acomodar las propiedades de una categoría y sus dimensiones; en segundo lugar, identificar la variedad de condiciones, acciones/interacciones y consecuencias asociadas con un fenómeno; en tercer lugar, relacionar una categoría con las subcategorías por medio de oraciones que denotan las relaciones de unas con otras; y, finalmente, buscar claves en los datos que denoten como se pueden relacionar las categorías principales entre sí.

La categorización axial facilitó la clasificación de los datos registrados y, por consiguiente, propició una importante simplificación. Consistió en la segmentación de elementos que resultaron relevantes y significativos desde el punto de vista del interés investigativo establecido, luego se procedió a definir cada una de las categorías y a construir la argumentación que deviene en un proceso comprensivo.

Este proceso de categorización irrumpió sobre una plataforma anticartesiana y de lógica difusa (Calventus, 2000), por cuanto esta corriente filosófica afirma la distinción y la claridad como característica intrínsecas a la variedad de la idea, en este caso se hizo difícil definir las categorías y subcategorías por fronteras delimitadas, tales fronteras fueron siempre borrosas y superpuestas en el proceso de la gerencia de las empresas estudiadas. Se trató entonces de llegar al corazón mismo de dichas categorías para dimensionar sus alcances, lo que requirió a menudo un proceso más complejo y menos lineal, basado en la semántica que describe lo que tradicionalmente se conoce como lo que es pero no tiene límites perfectamente definidos.

Seguidamente se presenta la matriz de muestreo de codificación selectiva:

Tabla 3. Matriz del muestreo de codificación selectiva

Hallazgos	Categorías	Subcategoría	Constructos
La discriminación como elemento de exclusión de la persona con discapacidad del mercado laboral	Istenidad Mercado laboral Emotividad Interrelaciones organizacionales	Motivación Discriminación Gestión organizacional Emociones	Gerencia de la Istenidad
Conocimiento de sí mismo para desarrollar resiliencia en el contexto laboral con poder y energía de trabajo	Conocimiento de sí mismo Emotividad Gerencia de la istenidad Percepciones subjetivas Narratividad Ser humano Emociones	Dialógica discursiva Resiliencia Conocimiento Gestión organizacional Interrelaciones organizacionales Subyacencia al entramado gerencial	Emotividad
El liderazgo de las personas que laboran en las organizaciones le permite asumir compromisos para su emancipación humana, política y social	Liderazgo situacional Interrelaciones organizacionales Transcomplejidad Emociones	Emancipación humana, política y social Emotividad Gerencia de la istenidad Motivación al logro Diversidad funcional	Gestión organizacional
El saber hacer de personas con discapacidad mejora las relaciones organizacionales valorizando acciones conscientes, creativas e innovativas	Liderazgo situacional Capacitación Istenidad Gestión organizacional Dimensión social Trato de la persona Estrés	Emociones Dimensionalidad Funcionalidad Orientabilidad La persona como centro Emotividad Gerencia de la istenidad Afectación de la comunicación	Interrelaciones organizacionales

V. ISTENIDAD Y GERENCIA DE LA ISTENIDAD. SEGUNDA PARTE

Hijas de una investigación científica

"Las teorías aportan conceptos explicativos para darle sentido a la realidad. Tales conceptos aportan modos de contemplar el mundo".

J. YOUNIS

Interpretación de hallazgos provenientes del proceso de categorización

Una vez finalizado el proceso de sistematización de la información se procedió a su codificación, lo que permitió el reconocimiento de elementos emergentes; posteriormente se realizó la reconstrucción de los conceptos bases a partir de los datos recogidos y se identificaron los registros categoriales, partiendo de una conceptualización de los códigos comunes que permitieron relacionar y analizar los conceptos entre sí, en términos de categorías y en función de sus propiedades y dimensiones.

Desde un primer momento y durante todo el desarrollo de esta investigación se procedió a sistematizar la información recopilada a través del proceso introspectivo que derivó en la interpretación-comprensión-explicación realizado por el sujeto de investigación, con el propósito de obtener una aproximación al proceso de categorización a partir del discurso. Desde esta perspectiva se logró deconstruir el discurso proporcionado a través de la historia de vida y clasificarlo según las propiedades emergentes para convertirlas en datos útiles y utilizables en tanto en el proceso de categorización como en los procesos posteriores.

En definitiva, y con relación a las matrices presentadas anteriormente, se concibió la articulación de las categorías que delinean la praxis gerencial en la historia de vida estudiada, seguidamente se desarrollan estas categorías, las cuales conforman la realidad sobre la gerencia de las empresas Hidrocentro, Conapdis y Empresas Polar, ya que ha sido en estas empresas que transcurrió la vida del sujeto de estudio en su quehacer gerencial.

Ahora bien, el discurso de la práctica gerencial en la inclusión sociolaboral de las personas con diversidad funcional permite apreciar dos categorías complementarias, una correspondiente a la resiliencia y la otra a las emociones. De esta manera, la resiliencia formaría entonces dos vertientes bien diferenciadas, la primera tiene que ver con la noción del espíritu de lucha, se trata de la visión tradicional fundamentada en la motivación al logro, que se asume como medio para influenciar positivamente a las personas en el campo laboral.

Por otra parte, la categoría denominada emociones, se aparta radicalmente del territorio tradicional de la noción del trato preferencial hacia las personas con discapacidad desde la conciencia gerencial; en este caso trata del pensamiento, de la voluntad, de los sentimientos y de un trato inclusivo e incluyente en el desarrollo de la práctica gerencial.

En la teoría administrativa tradicional, las emociones no son tratadas como un eje categorial relevante en las organizaciones empleadoras de personas con diversidad funcional, en este orden de ideas en la vertiente más reciente sobre la práctica gerencial se consiguen discursos que incorporan la visión del hombre como un ser natural y axiológico, pero éste tiene los atributos de contar con el lenguaje, las emociones y el pensamiento que se separan de manera precisa de los demás organismos vivos: refiriéndome a las personas y a los sistemas axiológicos (sobre todo en el ámbito de personas con diversidad funcional) donde se requiera atender al trabajador y hacer las cosas bien, sobre todo en el entorno laboral; además se debe tener presente que la discapacidad no está en la persona sino en el entorno, es decir, en lugar de discapacidad se debería comenzar a hablar de istenidad.

A continuación, se presenta el despliegue de categorías y subcategorías evidenciadas, así como su sistema de relaciones e interrelaciones en lo cotidiano de la praxis gerencial de instituciones empleadoras de personas con diversidad funcional, como espacio de escenificación e interacción de los actores sociales.

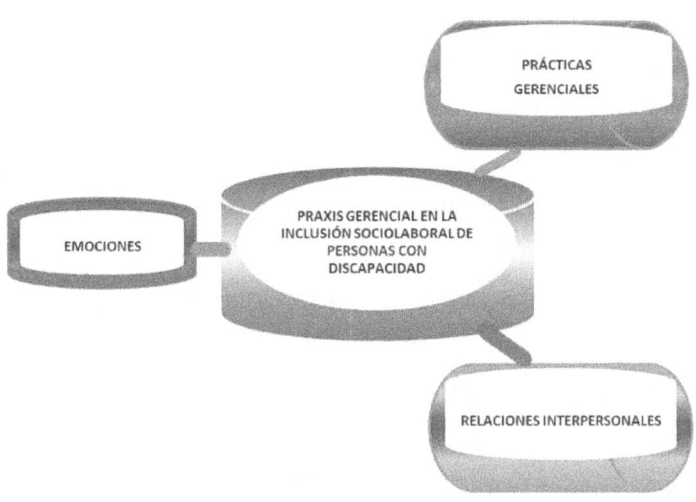

Figura 3. Categorías centrales emergentes

Categoría I: Prácticas gerenciales

Esta categoría surgió como la integración de los diferentes planteamientos hechos por el sujeto de investigación, quien manifestó que la gerencia para la inclusión sociolaboral de personas con discapacidad es difícil y compleja, es diferente para cada discapacidad y en cada nivel de la organización, donde la contratación se ha visto afectada por la visión que todavía se tiene de la discapacidad, así como referentes humanísticos presentes en la conciencia de aquellas personas que laboran cotidianamente en dichas empresas en las que se pretendió conocer cómo es el proceso gerencial: cómo se gerencia, cómo son los eventos, cómo o cuáles son los puntos decisivos, cuáles son los problemas, entre otros. En este sentido, hay un despliegue de factores que reveló la necesaria capacitación para gerenciar los recursos disponibles, para garantizar la atención multidisciplinaria de la persona con diversidad funcional, así como para atender las expectativas de la sociedad en torno a este tema. En el estudio de la historia de vida emergieron del discurso los códigos que acarrearon un tejido inherente a esta categoría y a las subcategorías que la conforman, las cuales se presentan en el cuadro 4 y figura 4.

Tabla 4. Códigos de la categoría I

Códigos pertenecientes a la categoría I: Prácticas gerenciales		
- Difícil - Compleja - Formación gerencial - Compromiso gerencial - Adecuación arquitectónica	- Gerenciar el talento humano - Competencias - Desarrollo profesional - Capacitación	- Ser humado - Personal formado - Liderazgo - Influencia

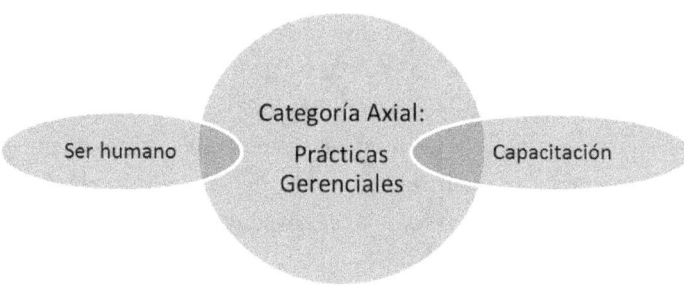

Figura 4. Códigos seleccionados relacionados con la categoría I

Discusión

La discusión de esta categoría se asienta en un terreno movedizo sobre el cual se destacan dos códigos, como se estableció en la figura 4, ya que la cotidianidad gerencial posmoderna es mutable, efímera y abordable desde distintas perspectivas. El devenir cotidiano de los gerentes posmodernos a la hora de poder gestionar el talento humano de personas con diversidad funcional, los impacta sobre la manera de gerenciar, así como sobre las sinuosidades que en esta se evidencia; esto proporciona el nexo de asociación entre los códigos seleccionados por el investigador, en la categoría prácticas gerenciales.

El desarrollo de los procesos gerenciales se manifiesta en un contexto complejizado, donde el poder, según Foucault (1983), es la referencia de los actos administrativos, transformándose dicho poder en un acto que produce un sistema y funge como el eslabón de integración social. Este acto administrativo se da en segmentos discursivos, como se expone a continuación:

> En enero de 2007 fue promulgada la nueva *Ley de Personas con Discapacidad* en Venezuela, a partir de allí toda empresa debe contratar trabajadores con discapacidad (…) ahora, es un mandato de ley que le otorga poder a las personas con discapacidad, pero las empresas no saben cómo gerenciar esto, en la medida que fuimos formando gente en las empresas fuimos avanzando y se fueron arreglando las cosas.

El poder en este contexto gerencial se manifiesta como el ente cohesivo que pretende mantener juntos diversos elementos sociales de otros subsistemas, y asignar autoritariamente pautas conductuales que deben ser seguidas bajo una clara coexistencia de poder popular/autoridad. Manifestación que deriva en hechos que distorsionan el proceso gerencial, ya que estas medidas poderosas nos señalan un camino preciso para la actuación del gerente. Veamos la siguiente información suministrada por el sujeto de investigación.

> Pienso que es una gerencia más por "contingencia de ley", que una gerencia planificada, que en el fondo sí hay una planificación pero esa planificación finalmente no llega a cumplirse y por ejemplo, vamos a hablar desde el punto de vista de cuota de empleo, que es donde se impone, donde existe una planificación para veinte trabajadores con discapacidad.

El transitar gerencial se desarrolla en una dicotomía cotidiana de lo correcto y lo incorrecto, en una constante confrontación entre lo planeado y lo ejecutado, donde media el derecho al empleo de un grupo humano y se conecta con un asunto ético y multidisciplinario con la obligatoriedad de cumplir los mandatos y operacionalizar las políticas públicas. La construcción representacional que se evidencia en el discurso formulado por el informante presupone adentrarse en una corresponsabilidad de la implicación axiológica de la gerencia que reclama la reflexión y la acción transformadora sobre las concepciones vinculadas a la noción metafórica que comporta el derecho al empleo de personas con diversidad funcional y el compromiso con la productividad empresarial. Por otra parte, el informante clave reportó lo siguiente: "en muchas empresas la infraestructura no está adecuada para personas con discapacidad, no cuentan con accesos para sillas de ruedas ni con señalización adecuada para personas sordas; la ley para personas con discapacidad establece, en su artículo 31, que se deben adecuar los espacios para personas con movilidad reducida".

Esta realidad transcurre legitimando perspectivas inadecuadas para lograr una efectiva inclusión sociolaboral de personas con diversidad funcional, dado que el investigador ha vivido con discapacidad desde hace treinta y cuatro años, se exime de ser un observador escéptico que contempla la situación desde afuera, y se percata de que esta situación de inaccesibilidad a los espacios físicos de las empresas se transforma en un ámbito de socialización de alta vulnerabilidad y afectación interna como se evidencia, lo cual ocasiona una distorsión en la certeza que se tenía de la configuración organizacional; la distorsión evidenciada recibe como elemento representacional el término "obstáculo".

Significó un obstáculo desde el punto de vista organizacional porque no estábamos preparados para afrontar ese reto. Fue un obstáculo porque la demanda de empleo fue tal que superaron las perspectivas en este sentido, pero el Conapdis, como institución, no estaba capacitado para darle respuesta a toda esta gente sin solventar eso.

Múltiples indicadores se anclan en el proceso gerencial, plagado de carencias como las que se observan a continuación:

No tengo las posibilidades. Cómo gerenciar si no tengo recursos materiales para hacer las adaptaciones necesarias. No solo los materiales sino contar también con una cantidad adecuada. Nosotros tenemos que resolver eso si queremos gerenciar

Esta situación desarticula la actuación gerencial de las otras formas de comportamiento responsable, sin tener en cuenta la naturaleza moral de la conducta en este contexto. El sujeto de investigación agrega, "A mí, estando en Conapdis, las personas con diversidad funcional me exigían que gestionara niveles de contratación medidos por indicadores de inclusión que presentaba ante el Consejo Directivo".

Con esta información se deja ver la multidimensionalidad del proceso de inclusión sociolaboral de personas con diversidad funcional como pensamiento complejo que requiere de variables suficientemente amplias que lo expliquen en sus múltiples propiedades, y no limitadas a un número, a un indicador. Aquí la complejidad es un continuo, en el que la relación transpersonal, aunque se insista en verse como una relación individual, es social, multidimensional y complementaria, se evidencia cuando se afirma lo siguiente:

> La gerencia del talento humano no es una cuestión sencilla, gerenciar personas es complejo, es difícil. En las organizaciones de personas con discapacidad convergen multitudes de seres humanos de diferentes estratos sociales, de diferentes niveles culturales, cuando te encuentras frente a la situación no es sencilla de manejar, al tú tratar de engranar a este grupo de personas con esas diferencias.

Por ende, la complejidad de las necesidades y de los ciudadanos insertos en el proceso gerencial plantea desafíos para la gerencia de la inclusión de personas con discapacidad, lo cual ha de ser para el equipo involucrado un centro de interés particular que cuente con el compromiso y la participación de todos. Los significantes obtenidos derivan de una concepción participativa igual y que aún no corresponde a una lógica de necesidades sociales. El informante clave indica que: "La calidad de las ayudas técnicas me llegaba de menor calidad, cuando solicitamos especificaciones técnicas particulares no se cumplían y era difícil poner correctivo a esto".

El discurso anterior refiere una visión materialista, reduccionista y contrapuesta a lo que sería la definición de calidad, si se considera que este tipo de gerencia produce mayores costos. Sin embargo, la reflexión del informante deja ver un asunto que en muchos casos compromete la salud de las personas que necesitan utilizar ayudas técnicas (sillas de ruedas, muletas, bastones, entre otros), lo cual pone de manifiesto la disociación entre orden y desorden, individual y grupal, construyendo una realidad experimental organizativa que pretende transfigurarse en un constructo trascendental para vincular la discapacidad al entorno y no a la persona, vale decir la generación del constructo (neologismo) gerencia de la istenidad.

Categoría II: Relaciones interpersonales

En esta categoría es evidente un entramado cuyas dimensiones abarcan los procesos propios del personal del área receptora del trabajador con diversidad funcional (el jefe y sus compañeros de trabajo) en relación franca con lo complejo de la gerencia de talento humano, lo cual se agudiza cuando los profesionales que la ejercen no están formados como gerentes. Esto ocasiona una desmejora en la contratación y lentos procesos en la respuesta al solicitante del empleo, en quien predominan emociones que perturban las relaciones interpersonales, la comunicación y la coordinación que se requiere en una empresa.

El análisis del discurso develó varios aspectos relevantes en relación al personal que gerencia las empresas analizadas en este estudio, contenidos resultantes aportados por el sujeto de investigación que condujo hacia el entramado de las relaciones interpersonales, caracterizado por la dificultad de límites y contextualizados en dos códigos: aspectos comportamentales y aspectos sociales, los cuales se manifestaron de manera particular, como se evidenció en los códigos emergentes que se muestran en el cuadro 5 y en la figura 5.

Tabla 5. Códigos de la categoría II

Códigos pertenecientes a la categoría II: Relaciones interpersonales		
- Actitud hacia el trabajo - Desinformación - Burocracia - Escasa comunicación	- Trabajo en equipo - Respeto - Emotiva - Personal idóneo y con formación	- Relación empleador-empleado - Escasa coordinación - Ejemplo - Poca motivación

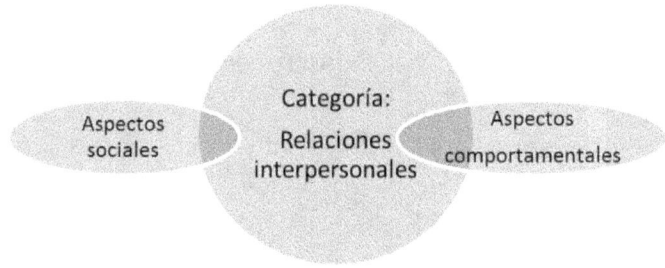

Figura 5. Códigos seleccionados relacionados con la categoría II

Discusión

La figura 5 muestra los dos códigos que integran esta compleja categoría de las relaciones interpersonales. En la revisión de la discursividad surgida de la narración de la historia de vida se tiene que:

> La praxis de la gerencia cuando se interactúa con personas con diversidad funcional está muy ligada a las particularidades de

cada persona y la forma de relacionarse con ellas y a su vez la forma de relacionarse entre ellas, sobre todo en el caso de personas sordas.

De allí que este sistema de interrelaciones se asienta sobre un terreno inestable y de cierta relatividad. También se afirma que el sistema de interrelaciones se afecta por asunto de comunicación como se puede leer en la presente afirmación: "existe mucha desinformación y esto hace que las relaciones no se den de la mejor manera. La burocracia muchas veces complica la efectividad de la comunicación entre los empleadores y las personas con diversidad funcional que están buscando empleo".

Esta situación de relaciones se agrava con el hecho de que el salario que ofrecen a personas con discapacidad no satisface a los trabajadores, los obliga a tener más de un empleo y, por lo tanto, los aleja como grupo de la calidad de vida que andan buscando, así lo confirma en el siguiente texto:

Cuando comienza a concretarse el proceso de contratación, muchas personas con discapacidad se quejaban de los sueldos que les ofrecían, argumentaban que por vivir en silla de ruedas tenían gastos extra por pañales y por movilización, pues el trasporte público no está adaptado para que puedan viajar personas en sillas de ruedas.

Este contexto que impide la cohesión de los grupos por la dificultad de interrelaciones, ocasiona situaciones de baja calidad de servicio de colocación laboral, la cual se ve afectada por la motivación del personal y conlleva a que exista en el mismo, en este sentido "la demanda de empleo no satisfecha del todo para muchas personas con discapacidad se repetía y a veces se agravaba".

Por ende, las presiones ocasionan en el grupo una comunicación en la demanda de servicio de colocación laboral y la consiguiente fragmentación de las relaciones en otros elementos consecuentes del proceso antes descrito, tal como puede leerse en el aparte siguiente:

> En Conapdis, la mayor presión provenía de las organizaciones sociales de y para personas con discapacidad, al punto de que a veces los propios trabajadores de Conapdis incurrían en ausentismo para escapar de esa presión colectiva.

Aun cuando se afirma, por parte del gerente, el intento de dirigir el equipo de trabajo con herramientas gerenciales no autoritaria: "Respetándole a cada quien su espacio, sin un uso innecesario de la presión ni de llamados de atención sino más bien ejerciendo un liderazgo por influencia, de esta manera se logra un mejor ambiente laboral".

En consecuencia, estas presiones en los grupos afectan las relaciones en los conjuntos humanos: "al tratar con trabajadores que tienen diversidad funcional, se debe ser respetuoso en el trato, pues de lo contrario se deterioran las relaciones y muchas veces ellos tienden a alejarse y eso, por supuesto, no permite el acercamiento".

Aquí se desdibuja el límite entre un elemento gerencial del proceso como lo es el poder para imponer una normativa de cumplimiento de tareas en el puesto de trabajo, y su afectación en las interrelaciones, ya que el gerente, al cumplir órdenes, puede ser visto como la figura de "jefe explotador" y no es percibido como el ejecutor de órdenes superiores que en realidad es.

En otro orden de ideas, el examen de la historia de vida permitió la conformación de las subcategorías de asuntos sociales, la cual está caracterizada por la percepción a los diferentes niveles de la organización, destacándose aspectos sociales que afectan la relación empleador-empleado, como son las relaciones y estructuras sociales, patrones no definidos oficialmente, conflictos interrelaciones entre el personal y los gerentes. Así, las subcategorías de asuntos sociales en las interrelaciones personales están impregnadas de un alto grado de sociedad humana:

Al inspeccionar varias empresas notamos que en la relación empleador-empleado tienden a olvidar algunos factores importantes como escuchar al trabajador con discapacidad para que este exponga sus problemas, no se les permitía el espacio para escucharlo.

Lo anteriormente expuesto afirma claramente que el sistema de interrelaciones en las empresas contratantes es multidireccional y multifuncional, y que en estas multidisciplinarias direcciones existen afectaciones y debilidades. Tal es el caso de lo que expresan los trabajadores con diversidad funcional frente a la situación de apertura de oportunidades de empleo (por mandato de ley) para atender a todo tipo de personas con discapacidad, por ende, el trabajador sin discapacidad a veces se siente desplazado y su manera de relacionarse resquebrajada:

Llegué a participar en reuniones con solicitantes de empleo convencionales (sin discapacidad) que manifestaban sentirse afectados en sus intereses, sentían afectada la satisfacción de sus necesidades y eso a veces producía una especie de roce entre los grupos de gente con y sin discapacidad, algunos manifestaban que la ley era discriminatoria hacia las personas sin discapacidad.

Esta situación confluye en un elemento eminentemente social de la gerencia que puede agravar el proceso de prestación del servicio de colocación de empleo en las empresas, ya que esto se debe fundamentar en las relaciones interpersonales, las cuales reflejan a la gerencia de talento humano como una disciplina eminentemente social: "el personal de los departamentos de Recursos Humanos puede caer en este tipo de idea acerca de que la ley "discrimina" a personas sin discapacidad y puede caer en actitudes que limiten el ingreso de trabajadores con discapacidad".

El tipo de relaciones interpersonales que se lleva a cabo en el devenir cotidiano de las empresas ocurre entre personas con valoraciones muy diferentes en un contexto complejo, como es el de la contratación de personal. En vez de juzgar las situaciones de interrelaciones en el sistema gerencial, con base en una jerarquía entre valores, principios y normas, deben ser considerados bajo el concepto de las relaciones interpersonales que en ellas se desarrollan favoreciendo una actitud de tipo empático y de convivencia sana.

No se trata de ofrecer diálogos socráticos en la relación laboral, sino de construir ocasiones en las que los gerentes y los trabajadores con diversidad funcional tengan la ocasión de articularse para el logro de un concepto de empleo productivo y de respeto de los derechos de ambos. Se trata de empezar a construir una red dialógica donde se establezcan las premisas para renovar la confianza y el respeto recíproco entre los gerentes y sus colaboradores, ya sea que tengan discapacidad o no. En el entendido que es una relación de alta complejidad y multidisciplinariedad.

Categoría III: Emociones

Esta categoría evidencia que las emociones están presentes en la cotidianidad de la practica gerencial en empresas, mezclada en tres subcategorías: interaccionar multifuncional, complejas y frustraciones, las cuales afectan el trabajo en equipo, afligen la motivación al compromiso social, traslucen el miedo causado por las incertidumbres de la cotidianidad laboral y hacen evidente la inseguridad que también afecta el deber social y el cobijo sicológico. Necesario para mejorar el trato (con calidad humana) al trabajador con diversidad funcional. De forma integral finalmente hace manifiestas las emociones que perturban la beneficencia en la gerencia poco efectiva en los procesos burocráticos.

Seguidamente se presenta el resultado del análisis a los discursos del sujeto de investigación, en relación a esta categoría se concretan los datos correspondientes en el cuadro 6 y las subcategorías que la forman en la figura 6.

Tabla 6. Códigos de la categoría III

Códigos pertenecientes a la categoría III: Emociones		
- Relaciones próximas - Estar al tanto del personal - Frustraciones - Comunicación efectiva	- Reconocimientos - Participación - Inseguridad - Paciencia	- Diferentes percepciones - Objetividad - Miedo

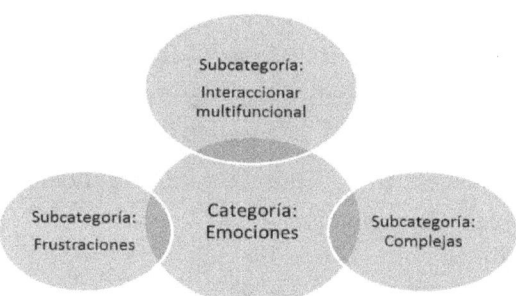

Figura 6. Códigos seleccionados relacionados con la categoría III

Discusión

Las emociones, como procesos inherentes a todo ser humano, subyacen y transversalizan el complejizado devenir cotidiano gerencial de las relaciones laborales, así lo señala el informante clave: "considero que es una actividad compleja porque la persona con discapacidad, sobre todo la persona sorda al confrontar barreras comunicacionales, suele vivir con estrés".

Esto deriva del hecho de que: "es producto de una interacción de factores, tanto orgánicos como sociales, sicológicos, ambientales, entre otros".

Este esfuerzo físico y emocional inmerso en el proceso de gerenciar la dualidad empleado-persona con discapacidad en las empresas, se fundamente en una confrontación cotidiana con la vivencia, la debilidad, y el proceso de adaptación de las personas, tal vez la paralizan también frente a una forma distinta de comunicación. Cabría preguntarse, en cual otro contexto gerencial este proceso posee estos matices, se puede constatar cuando se lee el aporte siguiente: "está relacionado estrechamente con una necesidad de comunicarse, de comenzar una nueva vida con la promesa de un vivir mejor, en muchos casos se trata del primer empleo que consiguen estas personas con discapacidad".

El conocimiento humano para gerenciar los trasciende y se sitúan en una dimensión de paradojas multidisciplinarias que confluyen coincidiendo y oponiéndose simultáneamente, así lo muestra el siguiente testimonio:

> La actividad laboral de personas con diversidad funcional presenta problemas propios inherentes al estilo de trabajo que no se presentan con otras personas que no tienen discapacidad, se trabaja con formas distintas de comunicación cuando se trata de sordos, con formas distintas de desplazamiento si se trata de personas en sillas de ruedas, en fin, con distintas formas de funcionar de las personas.

Además de todos los constructos que se requieren para el proceso de gerencia existen otras que tal vez hasta ahora eran desconocidos en este subsistema laboral, que lo impregnan de un sentido de alto contenido emocional por su responsabilidad día a día con la vida y con las distintas formas de funcionar como partes de un continuo permanente.

Así, como la vulnerabilidad en el cual se encuentra el personal que allí labora por estar en contacto con estas situaciones.

> Me di cuenta de que cuando se trata con personas con síndrome de down u otra forma de discapacidad

mental o sicosocial, la primera emoción de sus nuevos compañeros de trabajo era miedo, también notaba incertidumbre, inseguridad, como de no saber qué hacer ni cómo actuar.

¿Cómo desligar al personal gerencial de las empresas contratantes del miedo, de la angustia y de la impotencia? Y el emerger de una realidad mutable, impredecible, efímera como la vida misma.

Eso hacía que se focalizara la angustia y la razón de ser de una disconformidad en ese otro trabajador que hace entonces presente un nuevo tipo de problema.

Lo cotidiano en el proceso gerencial tal vez esté también regido por la lucha con otros sentimientos de los trabajadores y de los suyos propios (gerente) y lo compone de mucha complejidad:

Es comprensible que se genere una emoción de impotencia tal que hasta para poder ejercer un liderazgo, el gerente se ve disminuido o de manos atadas.

No se exponen aquí teorías o corrientes de administración sino sentimientos encontrados o que frustran al accionar gerencial:

Es difícil porque, en pocas palabras, para gerenciar talento humano ante personas que funcionan de forma diferente a cómo funciona uno mismo, con características particulares hay que tener condiciones especiales, hay que sensibilizarse con estos temas.

Si bien no solo el panorama gerencial dibuja el aspecto emocional entre empleados-gerentes otra variable interviniente y no menos importante lo compone la arista de la familia en este proceso: "otro aspecto importante, es la insatisfacción que manifestaban algunos familiares de personas con discapacidad, pues esperaban que la empresa contratante les diera todo".

En síntesis, las emociones en este proceso gerencial son una combinación compleja de aspectos sociales y sicológicos dentro de una misma situación polifacética como respuesta orgánica a la consecución de un objetivo de una necesidad de satisfacer la relación gerente-trabajador con diversidad funcional.

VI. ISTENIDAD Y GERENCIA DE LA ISTENIDAD. TERCERA PARTE

Hijas de una investigación científica

"La palabra escrita tiene posibilidades de calar más hondo en el análisis de los problemas, de llegar más lejos en la descripción de la realidad social, política y moral".

MARIO VARGAS LLOSA

Construcción teórica

Una vez cumplidas las fases anteriores y culminada la conceptualización donde se comprendieron las categorías del hecho social investigado y cumplida la metódica empleada que logró establecer las relaciones y conexiones entre las diferentes categorías de la praxis gerencial en la inclusión sociolaboral de las personas con discapacidad, como una producción constructivamente interpretativa, tal como lo plantea Maxwell (1996), se procedió con la teorización como la síntesis final de la investigación. De allí que se seleccionaron, relacionaron y contrastaron las categorías o datos emergentes con los referentes teóricos dando lugar a la explicación de lo que el estudio aporta como significación dentro de su singularidad (Martínez, 2006), esta construcción se guió solo por los elementos que los datos aportaron, en su contexto autorreferente (Husserl, 1998).

Se obtuvo la teorización de la gerencia de la istenidad como producto de una esquematización ideal del objeto de la teoría, complejizándola luego en forma gradual, introduciendo conceptos teóricos y relaciones más complejas entre ellos con ayuda y control de la razón y la experiencia de Bunge (1975), es así que se construyó un nuevo "modo de contemplar" los hechos, un modo de organizarlos y representarlos conceptualmente a través de una red de relaciones entre sus partes constituyentes (Martínez, 2006).

Los constructos desde los cuales se argumentó el devenir de esta investigación, tomaron como núcleo el contenido de los discursos producidos en el quehacer cotidiano de la gerencia, en las vivencias, en los incidentes y en las experiencias narradas por el sujeto de estudio, constituidos por los textos de la narrativa autobiográfica. Los elementos estructurales (contenido y extensión) de los discursos referenciados se alejaron de la presunción de rigidez de su esencia lingüística estructural, para dar paso a la exaltación de la flexibilización del contenido semántico, hasta alcanzar la condición de triada vinculante en la función-construcción-variación, la cual se mueve hacia el ideario de la semiótica social como instancia expresa para construir la aproximación teórica que apuntala la posibilidad de interpretación del sentido de lo discursivo, en una especie de cadena recursiva que transita desde la teoría de los hechos y de los acontecimientos a la teoría. Esta deriva esencialmente, en lo que se entiende por interpretación en términos de la exégesis; le corresponde al proceso de reconocimiento del contenido social de las representaciones convertidas en discurso por el informante participante, en la dialogicidad interpelada.

Supuestos teóricos sobre la gerencia de la istenidad desde la concepción clásica de la gerencia empresarial

- La atención y preocupación por el sumario administrativo gerencial trasciende en un límite borroso de fronteras difusas hacia una dimensión inmersa en un mundo de sentimientos y emociones que no se conjuga con una adecuada inclusión sociolaboral de personas con diversidad funcional (personas con discapacidad).

• Las interrelaciones de actos humanos en las empresas están soportadas en elementos como la subjetividad, las implicaciones personales, los valores, la comunicación y la interacción de los trabajadores con discapacidad-trabajadores sin discapacidad-gerentes.

• El compromiso por parte del gerente corre paralelo al proceso de colocación laboral, más como imposición que como elementos de productividad, soportado en una concepción distorsionada de la forma de trabajar que tienen las personas con diversidad funcional.

En este momento se desplegaron las significaciones que el sujeto de investigación ubicó en la práctica para construir su estilo de gerencia en los organizaciones estudiadas, y que irrumpieron en su interacción con los otros, de allí el gerente se presenta como intérprete del subsistema que lo rodea.

El procesamiento de la narrativa estudiada se realizó en un constante ir y venir, construir y reconstruir, inventar y reinventar elementos, teorías, conceptos y proposiciones partiendo directamente de los datos, derribando cualquier supuesto teórico aprioTÍsticos de otras investigaciones o de marcos teóricos existentes, el investigador solo trató de identificar y circunscribir elementos teóricos sustentados en los datos.

El surgimiento de los constructos teóricos se hizo dinámico, creativo, recurrente y constante para obtener conceptos y conocimientos fundamentados en la experiencia de un gerente que ha tenido a su cargo a trabajadores con discapacidad y que a su vez es él mismo una persona con discapacidad, cuyos discursos fueron procesados y de ellos se obtuvieron los prolegómenos centrales del muestreo selectivo de las categorías como constructos teóricos constituyentes de la gerencia de la istenidad, como se observa en la siguiente figura:

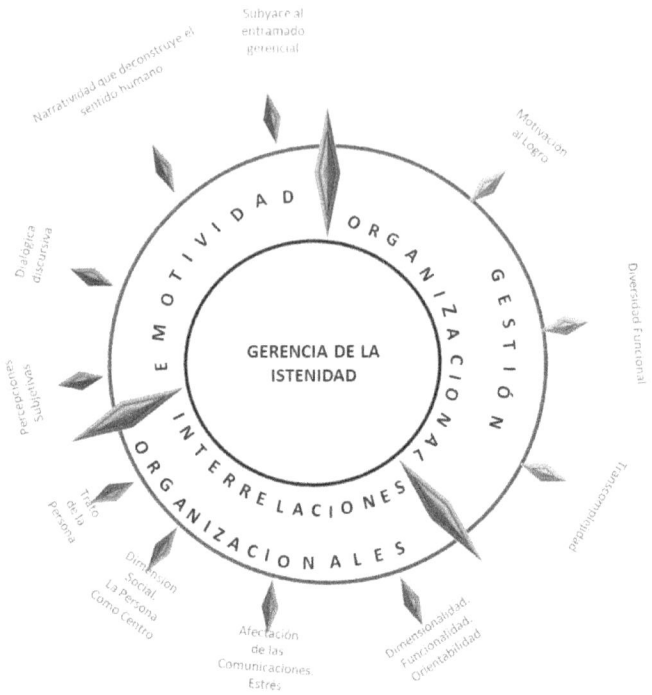

Figura 7. Constructos teóricos emergentes

Es relevante destacar que este asunto fue cíclico, permanente y supuso releer constantemente las informaciones obtenidas en las categorías elaboradas. Se planteó también como sumario dialógico entre las interrogantes de la investigación y los datos obtenidos durante la dialógica discursiva con el gerente-vicepresidente de Conapdis, mediados por el investigador acerca de su propia vivencia como gerente y como persona con diversidad funcional, quien ordenó la información constantemente, hasta que emergieron los primeros resultados.

Este entramado se diversificó varias veces para dar respuesta a las distintas interrogantes planteadas en la investigación. Este planteamiento emergente fue igualmente aplicable al sistema de elaboración de las categorías y los códigos, donde el investigador aplicó la codificación desde procesos deductivos producto entre otras razones: de la exploración teórica y la inductiva, desde donde pudo ir aportando y construyendo nuevos códigos a medida que el conocimiento emergía, gracias a la interpretación-comprensión que recorrió todo el proceso.

En búsqueda de la transparencia y objetividad de los resultados, se ilustraron, como se vio en el acápite anterior, determinados conceptos y teorías nuevas con fragmentos de la historia de vida previamente seleccionados para sustentar la credibilidad con respecto a su existencia y a los datos obtenidos.

Un problema básico de la investigación realizada fue cómo especificar el vínculo entre las relaciones que se estudiaron en la cotidianidad de la gerencia y la explicación que ellas proporcionaron al investigador, la respuesta se basó en la fenomenología, ya que las construcciones específicas del investigador (como investigador) se fundamentaron en la del sujeto investigado y en la data proporcionada perfilando dicha validez en el hecho de que los fenómenos existen con independencia de las afirmaciones que se hagan acerca de ellos y que la realidad se hace accesible a través de las diferentes perspectivas sobre los fenómenos.

El planteamiento de hacer emerger la teoría para poder comprender la realidad de la gerencia, en cuanto a inclusión sociolaboral de personas con discapacidad se refiere, irrumpe en una dicotomía de opciones de máxima apertura y flexibilidad, que permiten proponer todo tipo de alternativas plausibles, la teoría rota de los datos no se esfuerza, no se obliga, se construye un conocimiento desde la relación significado del concepto y relaciones de los datos.

Constructos teóricos emergentes

Seguidamente se exponen las concepciones teóricas que emergieron del proceso indagatorio realizado en el cual confluyeron la emotividad, las interrelaciones organizacionales y la gestión organizacional (ver figura 8).

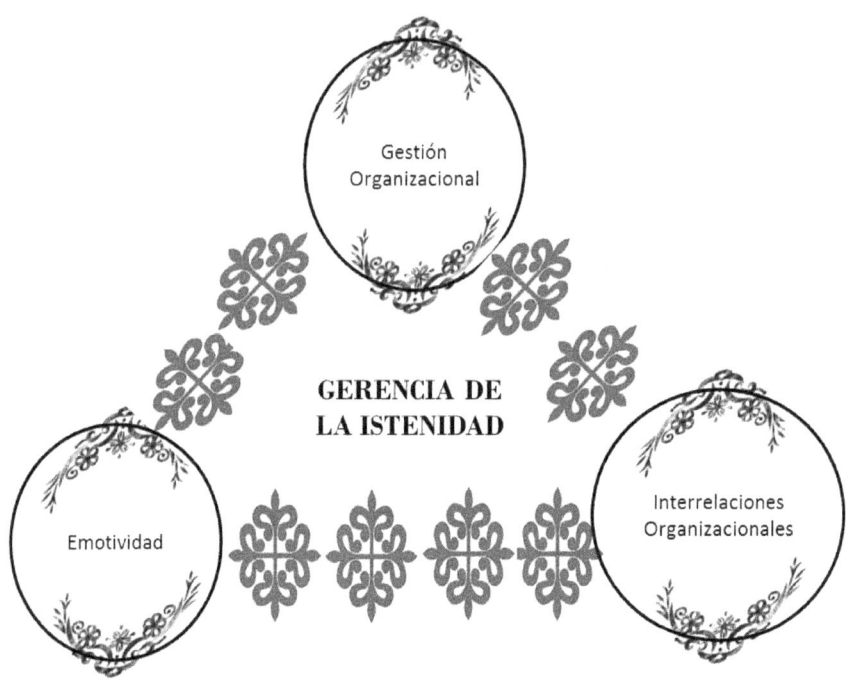

Figura 8. Concepciones teóricas emergentes

Interrelaciones organizacionales

El sistema de interrelaciones organizacionales se enmarca en una dimensión social teniendo como elemento esencial el ser humano, la persona como ser sociable y relacional que es y que está en constante interacción con los demás entes del entorno, en estudios como el de Palacios (2008) se resalta la importancia de la trasformación de los enfoques teóricos de la gerencia del sector laboral, para asumir el énfasis en las relaciones sociales del personal que se adscribe al ámbito de aplicación del quehacer gerencial.

El requerimiento aludido emerge en los elementos de la dialógica discursiva, en tanto la persona es un ser social en cuyo proceso de socialización y aprendizaje necesita establecer relaciones con los demás de modo armonioso, y la percepción positiva o negativa que llegue a tener de sí misma está influenciada o determinada por la forma como se percibe. De allí que si este ser humano, como el caso que se estudió, se desempeña en alguna empresa siendo una persona con diversidad funcional, las interrelaciones personales están direccionadas hacia un enfoque de relación de cooperación y trabajo en equipo junto con las demás personas, tengan o no discapacidad.

Las relaciones interpersonales, como elemento del sistema organizacional, están afectadas por sus subsistemas de comunicaciones y por el estrés, así como por otros procesos organizacionales en los centros de trabajo, los cuales de una manera u otra tejen una red intrincada de aspectos sociales, pudiendo entablar las interrelaciones de cooperación, procurando que provean satisfacción a los involucrados en el proceso de inclusión sociolaboral de personas con diversidad funcional.

Planteamiento que se reconstruye desde la aplicación de la teoría de Habermas (1987), la cual sostiene que mediante la expresión de los individuos, del lenguaje y de la comunicación, se puede llegar a un sistema social más justo, un espacio de entendimiento y consenso, de aceptación y cooperación, como basamento de un nuevo pacto social, la transformación social. Tal espacio remite a considerar la extensión de la teoría de la acción comunicativa del citado autor.

Sin embargo, el sistema de interrelaciones personales está conectado con una situación de carácter social como lo es el estrés, elemento que en centros de trabajo conforman la plataforma común del proceso gerencial ya que en las interrelaciones están en marco de empleador-empleado con discapacidad, lo cual arroja una carga de elementos de comportamiento más humanos y menos organizacionales estableciendo un sistema de compromisos individuales entre los seres humanos que gerencian gente con discapacidad en los centros de trabajo.

Las interrelaciones son funcionalmente orientadas. Se observan interrelaciones entre empleador-empleado con discapacidad; empleado con discapacidad-compañeros de trabajo, empleado con discapacidad-familiares-gerentes y en todas se espera que la organización medie como un elemento dinamizador, orientador de sus condiciones, de su finalidad que es ayudar, lograr un beneficio tanto para el trabajador como para la empresa contratante, que directamente establecen relaciones y conexiones con otros elementos y subsistemas organizacionales como son las prácticas gerenciales y las emociones en este sistema de relaciones.

En consecuencia, se tiene que las fronteras de diferente concepciones teóricas en este estudio investigativo son difusas, borrosas y si el investigador hace una "división" esta solo es un asunto argumentativo para alcanzar el camino hacia la interpretación y la comprensión, pero, en realidad, en el devenir cotidiano de la gerencia posmoderna existe un intrincado tejido de interrelaciones formales e informales con alta sensibilidad que deben ser soportadas en principios de ética para la construcción de lo laboral-humano.

Tal vez pareciera fácil teorizar en torno a las principales características u otras acepciones de las interrelaciones, como dispositivos valiosos en la gerencia laboral, pero esto sería reduccionista, ya que en la teoría trasciende la relación personal e íntima que implica solamente un compromiso recíproco de trabajar y querer recibir empleo. Se demanda pues una gerencia que sea honesta, intelectual y emocionalmente que sea capaz de respetar a los otros (tengan o no discapacidad) por su dignidad como tal, como el entorno ético y organizacional, que esté soportada en un proceso comunicativo, sincero, oportuno, veraz, valiente, comprensible, accesible, congruente en su lenguaje y que no coloque en indefensión a quienes lo solicitan.

A continuación se presentan los semblantes que permitieron la formación del constructo teórico: interrelaciones organizacionales, según se evidencia en la figura 9.

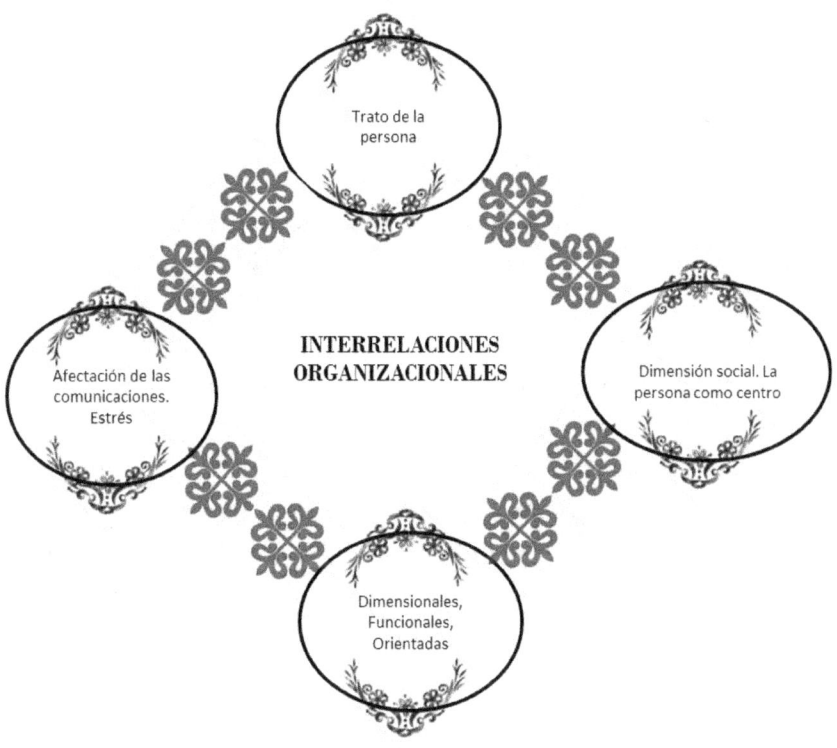

Figura 9. Interrelaciones organizacionales

Gestión organizacional

Utilizando el planteamiento de incertidumbre, la gestión organizacional aparece como un complejo entramado de situaciones, en las cuales las relaciones de diferentes elementos se alternan, se trasladan o se combinan, y de este modo determinan la textura del todo; en este caso, de la gestión organizacional (Heisenberg, 1958).

La gestión es uno de los elementos más abstractos y a la vez más discutidos, analizados y contextualizados por parte de los tecnócratas administrativos dentro de la jerga gerencial moderna. Sin embargo, actualmente, la gestión no se reduce al cumplimiento de varios procesos administrativos fundamentales, a través de los cuáles era posible convertir los recursos de la organización en productos o servicios de calidad, sino que implica una diversidad de aspectos involucrados en la coherencia de grupos humanos y recursos limitados para aprender soluciones, desenlaces, consumaciones y en un entorno turbulento y borroso nada definido (Drucker, 1980).

En el proceso de búsqueda de un significado para revelar y declarar lo que complica e implica la gestión, se colisiona en el camino con locuciones que enuncian la gestión como esencialmente análoga a la ejecución, a la condición de hacer, de combinar pretensiones y fines bajo la deducción de la usanza eficaz de elementos y capacidades para obtener metas dentro de cuantificaciones aprobada de eficiencias. Asimismo, está involucrada con mecanismos primordiales que se refieren a la estrategia, a los transcursos internos, a la cultura, a los beneficios y al entorno.

Para estos constructos o pretensiones de constructo, dejan de lado el elemento que, en este caso, en la gerencia de los hospitales militares, hilvana la gestión en los mismos, y tal vez la proyecta como indefinible e inencajable en los postulado de la visión gerencial que se tiene en la teoría tradicional. No se trata aquí de ver la gerencia como un elemento, un aspecto o parte del proceso de administración y control, sino de un entramado complejo de la concepción neogerencial fundada en la recuperación del sentido humano en las organizaciones hospitalarias.

Aquí la gestión es un "argumento" que permea el poder, que justifica la usanza de políticas públicas políticos-sociales dentro del empleo de personas con discapacidad. Es ejercicio del poder materializado en la imposición de las políticas públicas, que deviene manifestación de la asistencia y que conlleva a que la gestión de la inclusión sociolaboral de personas con discapacidad desemboque en un avance social justo y necesario.

Otro factor vinculante con el aspecto gestionario de la gerencia confluye en lo transcomplejo (Morín, 1996) que alcanza los mecanismos de colocación laboral de personas con discapacidad, contextualizándolo dentro del sistema laboral venezolano. La gestión no aparece como un elemento simplista o reduccionista sino más bien perspectivista e interrelacionado, se presenta en un contexto institucional cuya complejidad no desecha lo simple, solo lo integra. Se abre la gestión como un sistema interrelacionado, multidisciplinario, multidimensional, pluricultural que transversaliza una temática compleja de grupos sociales, especialidades profesionales, personalidades individuales, niveles organizacionales, sentimientos, así como una compleja forma de vivir.

Una gestión se constituye en una triada entendida a través de la dinámica del conjunto de la conciencia, de la unidad y de la interrelación mutua de todas las cosas y los acontecimientos. La interdependencia y transitoriedad de la realidad de la gestión organizacional en las empresas contratantes de personas con discapacidad convergen en la complejidad del tejido organizacional; la consideración de la simplicidad tiende a convertirse en una entidad transcompleja al trascender su propia complejidad. Seguidamente se presenta la figura 10, el sistema que permite evidenciar una prosecución conductora del ideario que caracteriza la gestión organizacional en cuanto a la inclusión sociolaboral de personas con discapacidad se refiere:

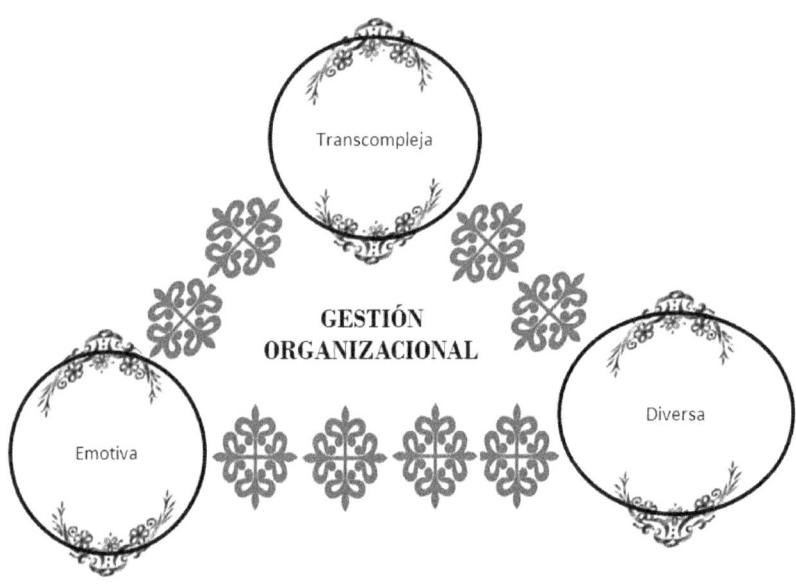

Figura 10. Gestión organizacional

Emotividad

La emotividad es un constructo para hacer referencia al espacio vital de los sentimientos en concordancia con lo racional del pensamiento humano y sus características, estados sicológicos y biológicos y una variedad de tendencia a actuar (Goleman, 2001). De esta deriva que puedan existir una multiplicidad de emociones, junto con sus combinaciones, variables, mutaciones y matices. Yaciendo efectivamente en la emoción más sutilezas de las que puede ser posible apreciar, ellas definen el colofón de la interacción humana que se vive en el lenguaje, en el amor y en las emociones, tal como lo señala Maturana (1996).

En la dimensión comentada fundamentalmente prevalecen las

percepciones subjetivas sobre los procesos organizacionales de inclusión sociolaboral de personas con discapacidad, sobre todo la valoración que se le otorga al instinto, al sentimiento o a la sensación que se tiene de elementos propios y sin límites de la gestión organizacional en lo concerniente a la emotividad que esto implica, esta dimensión emotiva subyace al complejo entramado gerencial, y es la justificación para la actuación del recurso humano en lo referente a las actitudes y uso de recursos, ausentismo, actuaciones y acciones hacia el logro de las metas organizacionales. Sobre el asunto planteado, algunos autores como Fajardo (2004) expresan que el trabajo en las organizaciones donde se incluye el trabajo con personas con discapacidad es complejo y diversificado, muchas veces "invisible" por la dificultad de especificar la complejidad emocional y material que incluye.

En este contexto puede afirmarse que el acontecimiento emocional hace al trabajador con diversidad funcional, en ocasiones, sucumbir a lo vulnerable o fortalecerse frente al hecho, pareciera que en este caso lo ocupacional consiste en resistir a la vulnerabilidad transformando el apoyo emocional en una fortaleza.

La emotividad es, en este aspecto, un discurso interpretacional referido al aspecto existencial que toca los sentimientos evidenciados por el gerente posmoderno, y las emociones que estos despiertan en su interior y que serán manifestadas exteriormente a través de una respuesta fisiológica y de comportamiento según la experiencia subjetiva que tienen de dichos sentimientos. Conducta que en ocasiones transita por un camino que los aleja del ideal de incluir a personas con discapacidad y los conduce a desintegrar sus propios sentimientos, intrincando sus propias emociones, complicando y oscureciendo el proceso gerencial.

Como último elemento dimensional irrumpe la emotividad como narratividad que deconstruye el sentido de lo humano, viéndose como una solución de continuidad que acopla lo emotivo con lo vivencial, que no lo separa. Esto ya que su vinculación con lo laboral y lo humano, lo justo y lo injusto es la cotidianidad del gerente en un centro de trabajo, las situaciones convergen en la puesta en escena de reacciones emocionales y debates recíprocos.

Narrar las emociones que ocurren en el gerente y enunciar el deber ser inclusivo, no necesariamente es una excusa para justificar las actuaciones o para reaccionar frente a una decisión organizacional, esto conlleva a percepciones subjetivas que soportan y transversalizan las acciones gerenciales con conductas opuesta, donde las emociones asumen una función relevante y definen el talante comportamental del gerente. A continuación la figura 11 correspondiente a emotividad antes discutida.

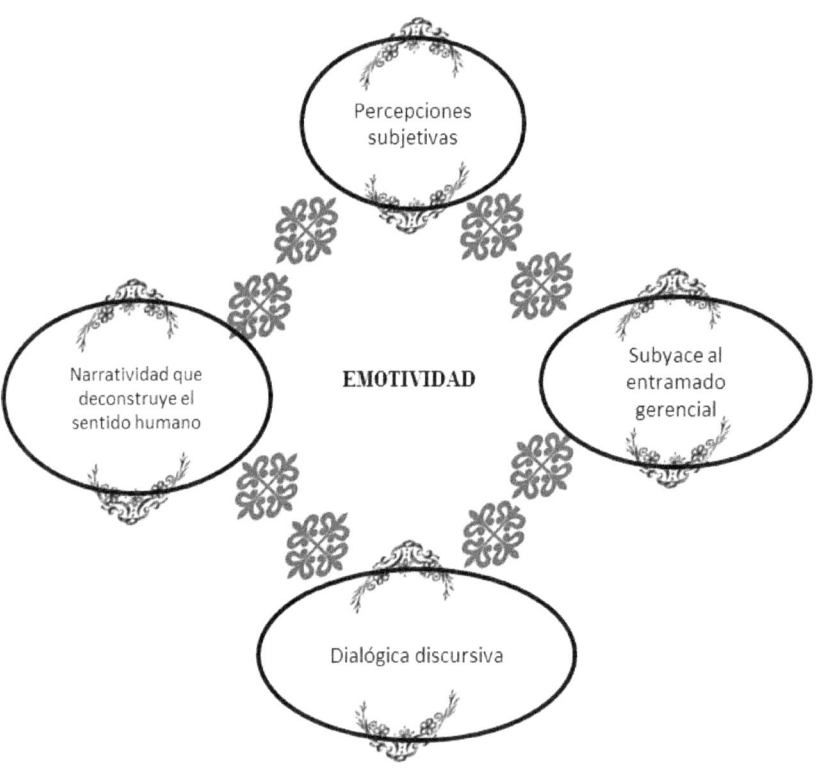

Figura 11. Emotividad

Concepciones sobre organización e instituciones

Para Schvarstein (2000), al diferenciar entre organización e institución es necesario a los fines de evitar confusiones conceptuales cuando se pretende ampliar el alcance de los elementos categoriales del discurso gerencial; en consecuencia, el autor citado señala que "se definen las instituciones como aquellos cuerpos normativos, jurídicos, culturales compuestos de ideas, valores, creencias y leyes que determinan las formas de intercambio social". De esta manera, una institución puede concebirse como una entidad particular en cada sociedad y en cada momento histórico. Una institución se entenderá entonces como un nivel de la realidad social construida que tiene vinculación con los marcos regulatorios legales, por lo que tiene presencia formal tanto en los grupos humanos como en las organizaciones.

En el caso de las instituciones que administran los servicios de colocación laboral, la connotación institucional define los roles del personal administrativo, de apoyo técnico o de cualquier nivel del ámbito laboral institucionalizado. Define también en términos institucionales al sujeto denominado empleable, según esa visión la institución evalúa y orienta los modos instituidos del desempeño de sus trabajadores. Se acepta así que la institución establece la interacción entre el profesional que posee el dominio del conocimiento frente al usuario que demanda el servicio; en esta interacción, ambas personas están mediatizadas por el llamado tratamiento administrativo que hace alusión en general a un sujeto.

En términos de la sicología de las organizaciones (Schvarstein, 2000), la institución se pronuncia sobre aspectos de carácter económico en la relación de servicios, determinando los canales y las vías administrativas vinculadas de manera inequívoca al fenómeno económico; emergen allí procesos plausibles de control como las requisiciones, las dotaciones, los destinos de la dotación y otros procesos propios de los actos administrativos implicados. La noción de institución entonces no está constreñida a un término simple sino que se extiende a un concepto complejo, problematizado, de amplio alcance y de visibles efectos en la llamada dinámica organizacional.

Los elementos planteados conducen a facilitar la interpretación de lo instituido, en coincidencia con Schvarstein (2000) quien dice que "lo que está establecido, el conjunto de normas y valores dominantes así como el sistema de roles constituye el sostén de todo orden social". Esta concepción de institución remite indefectiblemente a la aceptación de la idea de cambio o más aún, de cambio social, por cuanto se reconoce la emergencia de una fuerza instituyente que si no es debidamente direccionada puede generar problemas en el orden institucional.

Frente a la dialéctica de la institución o lo instituyente, se hace presente el concepto de organización como el sustento material de las abstracciones, como el lugar donde stas se materializan y desde donde se producen los efectos sobre las personas que las constituyen. Las organizaciones son entonces, siguiendo a Etzioni, A. (2000) op. cit.: "unidades socialmente construidas para el logro de fines específicos". Una organización puede comprenderse como una entidad real de construcción social; en la última acepción, puede aplicarse de manera directa el aparato complejo denominado empresa y al proceso complejo que se cumple en su interior en la dialéctica organización-institución laboral y que suma otros procesos también complejos como los relacionados con el trabajo y con la dinámica de gestión.

Como puede evidenciarse, las organizaciones llevan implicadas una multiplicidad de instituciones, cuestión que le hace adquirir el carácter de instancia compleja; en esta se cumplen procesos de variada índole que entrecruzan lo institucional, lo organizacional y que potencian la adquisición de consistencia interna en la organización, facilitarán definir la identidad organizacional y delinean el quehacer de esta, la visión a futuro y la complejidad dialéctica que asiste a la dupla institución-organización.

Como consecuencia de la visión institución-organización, los posibles conflictos que ocurren entre estas dos instancias obedecen en la realidad a proceso de interacción dentro del grupo de personas que se ubican en la organización o entre los grupos que configuran la cultura organizacional; ambas se vinculan al concepto relaciones organizacionales, que en el orden simbólico, definen los significados, la lógica de los propósitos, las racionalidades presentes en la organización y la dinámica misma que sigue esta. Por lo tanto, las nociones de institución y organización se asocian con lo que en términos gerenciales se conoce como comportamiento organizacional. Como el despliegue conceptual sobre organización e institución refiere a una entidad prestadora de colocación laboral de personas con discapacidad.

En la interpretación sistémica de las cosas vivientes según lo planteado por Bunge y Mahner (2000), ha sido transferida al ideario de otro tipo de organizaciones que están referidas a estructuras en algún modo similares a los sistemas vivientes, tal como ocurre con las denominadas organizaciones empresariales.

La caracterización de estas organizaciones como sistema vivo incluyen referencias a su origen, a su historia evolutiva y a las condiciones que se le permiten evolucionar de modo que la concepción científica, proveniente de la ciencias biológicas, tiene un despliegue de fuerzas en un ámbito disciplinar diferente conceptualizado como administrativo o gerencia; allí, la arquitectura conceptual de soporte que se asume desde lo disciplinar concreto ha permitido incluir términos como retroalimentación, autorregulación, homeostasis, autoorganización y automantenimiento.

El planteamiento precedente explica la razón por lo cual en los discursos correspondientes a la gerencia es usual conseguir denominaciones que se refieran a las organizaciones como sistemas vivos denotando en ellos funciones y roles que se entienden como entidades específicas de un biosistema; así, en gerencia se puede hablar de órganos, procesos, roles, evolución y otros elementos categoriales desde los cuales se intenta definir la característica de una empresa.

En organizaciones de servicios se asocian al espacio particular de la inclusión sociolaboral de personas con discapacidad y con especificidad en aquellas organizaciones dedicadas a la prestación de servicios de colocación laboral, no es solo la trasferencia de los conceptos biológicos lo que prevalece, sino que también hay una fuerte tendencia contemporánea a la aplicación de fundamentos de ciencia que trascienden el cerco de la ciencia administrativa.

Tal es el caso de la traslación de conceptos vinculados a los criterios de corte axiológico que provienen del tratamiento a los organismos vivos en los campos de control propios de las organizaciones empresariales. Este es el fenómeno de la traslación lingüística que ocurre cuando en la gerencia de inclusión sociolaboral de personas con discapacidad se habla, en principio, de los preceptos que bien pueden conseguir convergencia en una derivación conceptual, simbiótica que se entenderá como gerencia de la istenidad, definiendo primeramente el término istenidad como aquel que permite asignar la discapacidad al entorno y no a la persona, este constructo según lo señalan Bunge y Mahner (2000), no tiene pretensiones de aplicación o interpretación implícita sino que asume el carácter de enunciado, explicado desde una teoría y tiene implicaciones marcadas a través de la compleja jerarquía interteórica.

Según los criterios, la justificación argumental requiere, para el constructo anunciado, la introducción de algunos fundamentos ontológicos, semánticos y epistemológicos como base para dar consistencia a la orientación científica de tal constructo, así en el orden biofilosófico, la noción de búsqueda gerencia de la istenidad consigue ubicación en el trasfondo filosófico que incluye la lógica elemental de la conceptualización y la ontología del término a través del cual se intenta interpretar el control de la organización. De este modo, tal como lo plantean estos autores, proponer como concepto de uso un constructo que sea afín al formato axiológico de gerencia de la istenidad y que comprenda también el alcance conceptual de gerencia, incorpora de entrada un canal referencial para la noción general de gestión en sistemas de salud, el cual provee fundamentación fuerte para unificar conceptos trasferidos desde biología como visiones axiológicas con los tiempos ya conocidos del discurso fuerte del campo gerencial. Tal recurso es una arista transformacional del lenguaje o una derivación del giro lingüistico del que nos habló Wittgenstein (1987).

Las consideraciones que se hacen sobre la gerencia de la istenidad tienen su fundamento en la perspectiva social, desde la cual se hace posible generar un nuevo constructo que asocia la discapacidad con el entorno de la persona y no con la persona en sí misma, así como con la conducción de las organizaciones; en este caso, aquellas prestadoras de servicio de colocación laboral para personas con diversidad funcional, a través de lo que se llama gestión o gerencia empresarial. A este último constructo se le puede denominar gerencia de la istenidad. Así, a partir de esta afirmación, se tomaron los sistemas biológicos en los cuales es vital la consideración que se le hace al hombre como ser vivo, como ser natural, de modo que todo el elemento referencial que hace alusión al ser biológico se consigue en las formulaciones que los teóricos exponen cuando se posicionan en el ámbito de las ciencias biológicas, tal como es el caso de Maturana y Varela (2003) en su texto *El árbol del conocimiento*.

Desde el pensamiento de Maturana y Varela (2003) los argumentos van a estar construyéndose en torno a una preocupación que trascendió la obra de estos dos grandes pensadores, esto asociado con la interrogante que se hacen los autores señalados sobre las ciencias sociales, la economía, la política, la administración, la gerencia.

EPÍLOGO

Análisis filológico del término istenidad

Una vez cumplidos todos los pasos que la academia y la ciencia exigen para el desarrollo de neologismos, se presentan a continuación los generados en esta investigación: istenidad y gerencia de la istenidad.

Istenidad:
1. Femenino. Cualidad de un entorno accesible a personas con discapacidad. Usado también como sustantivo.
2. Grado de accesibilidad que proporciona un entorno físico, ya sea arquitectónico, actitudinal, comunicacional o social a una persona cuyo funcionamiento del organismo se considera distinto al convencional (persona con discapacidad), para que esta pueda desenvolverse y desarrollarse libre y armónicamente.

Gerencia de la Istenidad:
La gerencia de la istenidad es la gestión orientada por el gerente

posmoderno hacia la potenciación de la resiliencia de sus trabajadores y hacia la gestión de soluciones adecuadas para proporcionar el grado de accesibilidad adecuado del entorno en el que se desenvuelven las personas con funcionamiento diverso o personas con discapacidad.

Análisis filológico del término istenidad

Se trata de un neologismo, un vocablo nuevo en una lengua hablada comúnmente. Esta palabra nueva es un término o construcción, de introducción original en un idioma, motivado por nuevas exigencias científicas, técnicas o costumbres. Cuando se introducen palabras nuevas en proyectos redactados con pretensiones científicas es necesario previamente realizar un análisis filológico que permita descubrir en la nueva palabra si su invención manifiesta la idea o el concepto que se pretende, lo más cercano a la precisión pero sobre todo que tenga cualidad y facilidad para adaptarse y aceptarse en el idioma corriente.

¿Cuál es la estructura de esta nueva palabra? ¿Es posible enlazarla con otras palabras? ¿Cuál es el alcance de su significado?

Ante todo: ¿cómo suena la palabra? ¿Cómo se produjo la palabra? ¿En qué lugar y en qué modo articular la palabra?, de aquí la importancia de saber ¿cómo se formó? ¿Cuál es su estructura? ¿Cómo se construyó? ¿Cómo se derivó hacia otras palabras? ¿Cuáles son los significados que es capaz de enlazar la nueva palabra?

La palabra istenidad suena como la calificación de una condición de la vida y de la naturaleza, la cualidad o la calidad de algo o de alguien como un comportamiento social, como una valoración de la conducta, como una apreciación de la actitud del hombre ante la vida, como una definición del estatus o rango de una persona para considerarse a sí misma o ser considerada por los demás, y esto aplicado a toda relación con la naturaleza y con los seres vivos entre sí. Es una palabra que tiene que ser entendida en su contexto.

El nacimiento o la creación de una nueva palabra se da en el momento en el cual ella crea para el lenguaje común un significado, un alcance preciso, pero además muestra un contenido de lo que se pretende significar. Este proceso creativo para poder tener validez científica debe contener un alcance universal susceptible de ser aceptada y comprendida por todo ser humano que la escucha, la lee o la escribe. Esto facilita la forma de articularla y combinarla con toda otra expresión de comunicación entre los seres humanos.

Dentro de los parámetros gramaticales convencionales del idioma español, la palabra istenidad aparece como una palabra compuesta con un prefijo unido a un verbo. El prefijo is- y el verbo tener; así suena fonéticamente hablando. Los prefijos son parte de la palabra que se anteponen para dentro de ella misma generalmente lograr potenciar o reforzar su significado y a veces para moderarlo. Tradicionalmente se ha considerado que el prefijo es un instrumento para la composición. Más modernamente para la derivación. En este caso, pareciese que se trata de un reforzamiento y calificación del significado de la palabra.

En el origen, apreciable fonéticamente, de la palabra istenidad, más que tomar el recurso etimológico, que pueda existir o no, en la formación de neologismos con base a la lengua madre de los idiomas romances, nos encontramos que el prefijo is- en latín, viene de *is-ea-id*, que son pronombres demostrativos y significan: *este-ese-aquel*. De allí la frase latina: "*Non is vir est ut sentiat*"; que traducida significa: No es este un hombre sino aquel que es capaz de comprender (sentir).

Por otra parte la palabra tenidad que es reforzada por el prefijo is-, la misma viene del verbo tener, proveniencia directa del verbo latino *teneo-tenui*, *tentum-tenere*, lo cual significa, en una de sus acepciones: tener, poseer. Por otra parte, ha existido en la cultura occidental una transliteración con la lengua griega y el latín, pasada luego a los idiomas romances, cuya trasmisión de prefijos y sufijos ha sido abundante. Sin embargo, el idioma griego es una lengua rica en la composición y derivación de las palabras.

¿Cuáles son las aproximaciones del griego al neologismo istenidad?

La palabra griega ιστοσ (istos) viene del verbo ιστεμι (istemi) y significa instituir. Otra palabra griega afín es τεινο (teino) que significa alcanzar, desplegar, dirigir, acercar. Mucho más lejana quizás pero precisa es la palabra τεχνε (tecne) que significa medio, recursos.

En otros idiomas, parientes próximos del latín, como el francés encontramos el verbo tenir (avoir), que traducido es tener a la mano. En Italiano existe el verbo tenere cuyo uno de sus significados es mantener o conservar una posición, mantener en una determinada dirección.

Si profundizamos en la base lingüística de este neologismo, el mismo se podría convertir en un término de mucha productividad semántica y de exportación, por ejemplo a las lenguas anglosajonas, con istenity.

El neologismo istenidad, al menos fonéticamente, tiene origen en la riqueza multicultural del idioma español, que se abre paso en la creación de nuevos significados y horizontes. Como su creador original he definido y presentado su profundidad y extensión, para que este neologismo tenga validez y aceptación académica y científica.

A este respecto, estas definiciones parten de la propia vivencia, de una movilización de la conciencia y de la convicción de que los investigadores, escritores y humanistas podemos y debemos contribuir con la tarea de dignificar a los grupos de personas con discapacidad. Contar con una primera aproximación a lo que sería una nueva teoría de la discapacidad y de la istenidad es fundamental para entender y mejorar la sociedad en la que vivimos. De acuerdo con Younis (2014), las teorías aportan conceptos explicativos para darle sentido a la realidad. Tales conceptos aportan modos de contemplar el mundo que resultan esenciales a la hora de definir un problema de investigación y sus implicaciones.

Partir de una posición consciente de que la discapacidad está en el entorno y no en la persona, es seguir avanzando hacia una sociedad más inclusiva y tolerante. De lo que se trata es de aprovechar el nuevo conocimiento para abrirse a nuevas posibilidades y beneficiar a la sociedad de manera integral.

A manera de anécdota, menciono una situación que viví durante una de las inspecciones de rigor realizada a una fábrica para velar por el cumplimiento del derecho laboral de las personas con discapacidad consagrado en la ley venezolana; era un galpón amplio, rectangular, con aspecto rústico, en cuyo interior marchaban seis líneas de producción bastante ruidosas. El representante de la fábrica comentó el problema que había significado para él aquel ruido aturdidor, lo cuantioso de la inversión en equipos de protección auditiva y lo difícil que resultaba para sus trabajadores concentrarse en sus labores. Ante esta revelación le pregunté: ¿y por qué no contratas a muchachos sordos?, ellos tienen una capacidad de concentración superior a la promedio y generalmente tienen mayor tolerancia al ruido.

Pasado un tiempo, el empresario me hizo saber la resonancia que tuvo mi pregunta y cómo interrogó numerosas páginas de internet buscando la solución a su problema. Al año siguiente, seis jóvenes sordos firmaron sus contratos de trabajo con esta fábrica y al momento de escribir este epílogo supe que el desempeño de estos muchachos ha sido excelente. La relación ha sido ganar-ganar, sin duda la mejor manera de lograr una evolución en la gerencia posmoderna y en la inclusión sociolaboral de las personas con discapacidad, además de incrementar la productividad en las empresas y, por ende, la mejor forma de alcanzar un desarrollo social sostenible.

Visto de otra forma, la mejor manera de lograr la inclusión social de las personas y que estas conviertan su profesión u ocupación en un arte es proporcionando alternativas de participación en contextos diferentes según sus características específicas, para no dar cabida a la prescindencia del recurso humano capaz de accionar como sujeto diverso en contextos donde se desempeñan sujetos de accionar convencional.

REFERENCIAS

Albornoz, O. (1999). Del fraude a la estafa, la educación en Venezuela, las políticas educativas en el segundo quinquenio presidencial de Rafael Caldera (1994-1999). Caracas. Faces/UCV.

Albornoz, O. (1995). *Las tensiones entre educación y sociedad.* Caracas, Venezuela: Monte Ávila.

Alcántara, A. (2013). Caracterización de los grupos de personas con discapacidad en la sociedad venezolana. Una visión censal. *Revista Electrónica Encuentro Transdisciplinar (REET).* (6), p. 9.

Alvira, M. (1998). *Metodología de la investigación cualitativa.* Caracas, Venezuela: Monte Ávila.

Anzenbacher, A. (1984). *Introducción a la filosofía.* Barcelona, España: Editorial Herder.

Arrascaeta, R. (2007). *El enfoque de sistemas en las organizaciones. Reflexiones en torno a las organizaciones.* México: Fondo de Cultura Económica.

Balza, J. (2008). *Educación, investigación y aprendizaje. Una herramienta* *desde el pensamiento complejo y transdisciplinario.*Caracas, Venezuela: Editorial Apuneser.

Bauman, Z. (2012). *Vida de consumo.* México: Fondo de Cultura Económica.

Bertalanffy, L. (1976). *Teoría general de los sistemas.* México: Fondo de Cultura Económica.

Bunge, M. (1975). *La investigación científica. Su estrategia y su filosofía.* Barcelona, España: Editorial Ariel.

Bunge, M., y Mahner, M. (2000). *Fundamentos de biofilosofía.* México: Siglo Veintiuno Editores.

Calventus, J. (2000). La lógica borrosa como aporte a una nueva epistemología en ciencias sociales: una aproximación conceptual. *Revista de Psicología.* I, (Tomo II), (58)

Casas, M. (1999). Especificidad de la universidad venezolana autónoma. *Revista Universidad Teoría y Praxis.* (23), pág. 18.

Denis, L. y Gutiérrez, L. (2002). Crítica y teorización. *Revista Cultura Científica.* (11), pág. 29.

Denzin, T. (2006). La investigación endógena. *Revista Saber Transdisciplinario.* (9), pág. 32

Dilthey, W. (1980). Introducción a las ciencias del espíritu. *Revista de Occidente* (7), pág. 7.

Diniz, D. (2007). *O que é deficiência.* São Paulo, Brasil: Editora Brasiliense.

Drucker, P. (1980). *Gestionar en tiempos turbulentos.* Bogotá, Colombia:

Grupo Editorial Norma, S. A.

Eguiluz, L. (2007). *La teoría sistémica. Alternativa para investigar el sistema familiar.* México: Universidad Autónoma de Tlaxcala y Universidad Nacional Autónoma de México. FES -Iztacala.

Elliot, J. (1990). *Investigación acción en educación.* Madrid: Ediciones Morata.Etzioni, A. (2000). *Organizaciones modernas.* México: Editorial Prentice Hall.

Fajardo, G. (2004). *Escudriñando la historia de la atención hospitalaria en Tapachulas. Revista Cirugía y Cirujanos.* Chiapas. Academia Mexicana de Cirugía.

Fernández, E. y Pérez, J. (2004). *Fusiones, adquisiciones y concentración.* Villa Hermosa, México: Universidad Juárez Autónoma de Tabasco.

Foucault, M. (1983). *El discurso del poder.* Buenos Aires, Argentina: Ediciones Folio.

Gadamer, H. (1980). *Verdad y método* (Ana Agud Aparicio y Rafael Agapito, trad.). Ediciones Sígueme, S. A.

Gadamer, H. G. (1990). *El giro lingüístico.* Barcelona, España: Editorial Gedisa.

Goering, S. (2002). Beyond the Medical Model? Disability, Formal Justice, and the Exception for the Profoundly Impaired.

Goetz, J. y Le Compte, M. (1988). *Etnografía y diseño cualitativo de investigación educativa.* Madrid, España: Ediciones Morata.

Goleman, D. (2001). *La inteligencia emocional.* Buenos Aires. Paidós.

Habermas, J. (1987). *Teoría de la acción comunicativa*. Madrid, España: Taurus.

Heidegger, M. (1996). *El ser y el tiempo* (José G., trad.). Barcelona, España: Fondo de Cultura Económica.

Heisenberg, W. (1958). *Physics and Philosophy*. Nueva York, EE.UU: Harper Torchbooks.

Husserl, E. (1976). *Problemas fundamentales de la fenomenología*. Buenos Aires, Argentina: Fondo de Cultura Económica.

Husserl, E. (1998). *Invitación a la fenomenología*. España: Ediciones Paidós.

Johansen, O. (2004). *Introducción a la teoría general de sistemas*. México: Limusa

Katz, D. y Kahn, R. (1986). *Psicología social de las organizaciones*. México: Editorial Trillas.

Leal, J. (2005). *La autonomía del sujeto investigador y la metodología de investigación*. Mérida, Venezuela: Universidad de Los Andes.

Ley para las Personas con Discapacidad. Gaceta Oficial Número 38.598. Promulgada el 05 de Enero de 2007. Caracas, Venezuela.

Llanos de La Hoz, S. y Briceño. (2000). Evaluación de los aprendizajes de educación superior. *Revista de Andragogía*. (7), p.p. 63-90.

Maritain, J. (2001). *Humanismo integral. Problemas espirituales y temporales de una nueva cristiandad*.

Martínez, M. (2000). *La investigación cualitativa etnográfica en educación*. Madrid, España: Ediciones Cátedra, Grupo Anaya, S. A.

Martínez, M. (2004). *La nueva ciencia: su desafío, lógica y método*. México: Editorial Trillas.

Martínez, M. (2006). *Ciencia y arte de la investigación cualitativa*. México: Editorial Trillas.

Maturana, H. (1996). *La realidad: inventada o construida*. Barcelona, España: Anthropos Editorial.

Maturana, H. y Varela, F. (2003). *El árbol del conocimiento. Las bases biológicas del entendimiento humano*. Buenos Aires. Editorial Lumen.

Maxwell, J. (1996). *Qualitative Research Design. An Interactive Approach*. Sage Publications.

Monasterio, D. (2008). Una aproximación a la comprensión de la ética en la gerencia pública. *Revista Ensayo y Error*. (35), pág. 38.

Morín, E. (1996). *Articuler les savoirs*. Buenos Aires, Argentina: Universidad del Salvador.

Nietzsche, F. (1887). *El ocaso de los ídolos o cómo se filosofa a martillazos*. Recuperado de

Nietzsche, F. (1887). *Genealogía de la moral*. Recuperado de

Núñez, J. (2007). *Familia y discapacidad. De la vida cotidiana a la teoría*. Buenos Aires, Argentina.

Palacios, A. (2008). *El modelo social de discapacidad: orígenes, caracterización y plasmación en la Convención Internacional sobre los Derechos de las Personas con Discapacidad.* España: Comité Español de Representantes de Personas con Discapacidad (Cermi).

Rogers, C. (1999). *El profesor y la libertad de aprender.* Madrid, España: Narcea Ediciones.

Sandin, G. (2003). *Investigación cualitativa en educación.* Caracas, Venezuela: Editorial Bolívar.

Santos, L. (2010). *Incapacitados y derechos de la personalidad: tratamientos médicos: honor, intimidad e imagen.* Madrid, España: Escuela Libre Editorial.

Schvarstein, L. (2000). *Psicología de las organizaciones.* Barcelona, España: Ediciones Paidós.

Serrano, E. (1999). *Consenso y conflicto. Dimensión de lo político.* México: Editorial Interlinea.

Shutz, A. (1993). *La construcción significativa del mundo social. Introducción a la sociología comprensiva.* Barcelona, España: Ediciones Paidós.

Somalia, J. (2011). *La Igualdad en el trabajo: Un Objetivo que sigue pendiente de cumplirse. Informe global con arreglo al seguimiento de la declaración de la OIT relativa a los principios y derechos fundamentales en el trabajo.* Informe presentado en la Centésima Conferencia Internacional del Trabajo. Ginebra, Suiza.

Strauss, A. y Corbin, J. (2002). *Base de la investigación cualitativa. Técnicas y procedimientos para desarrollar la teoría fundamentada.* Colombia: Universidad de Antioquía.

Sztajnszrajber, D. (2015). *Mentira la verdad. ¿Qué es la filosofía?*

Recuperado de

Vargas Llosa, M. (2012). *La civilización del espectáculo*. Madrid, España: Alfaguara.

Wittgenstein, L. (1987). *Sobre la certeza*. Barcelona, España: Editorial Gedisa.

Younis, J. (2014). *La dimensión teórico-conceptual de una investigación y su importancia*. España: Universidad de las Palmas de Gran Canaria.

Ángel Eduardo Alcántara

Ángel Eduardo Alcántara Maiz (Valencia, Venezuela, 1977). Considerado uno de los asesores importantes en temas relacionados con inclusión sociolaboral de personas con discapacidad.

Es Doctor en Ciencias Gerenciales, Ingeniero Químico y Especialista en Gerencia de Calidad.

Ha sido asesor de la Cámara de Diputados de Bolivia, de la Universidad de la República del Uruguay y de la Municipalidad de Maipú en Santiago de Chile.

Se ha desempeñado como Vicepresidente, Director del Consejo Directivo y Presidente (E) del Consejo Nacional de Personas con Discapacidad en Venezuela.

Docente de pregrado y postgrado en distintas universidades e institutos de educación superior.

Como investigador, posee publicaciones en revistas científicas arbitradas.

Ponente nacional e internacional en países como Italia, Panamá, Cuba, entre otros.

Reconocido por su labor por más de 50 organizaciones de y para personas con discapacidad.